「自己目標管理」
徹底的にかみくだいた
ドラッカーが本来伝えたかった目標管理

二瓶正之

JN037796

春陽堂書店

はじめに

目標管理という言葉は企業社会にあってはごくありふれた言葉です。多くのビジネスパーソンにとって、特にミドルマネジメント（中間管理職）の方々にとってはマネジメントの手法としてなじみのある言葉でもあります。というのも、日本では8割を超える企業で、管理手法の一つとして目標管理が導入されているからです。そして、この高い導入比率に対して、この数十年の間に大きな変化はないままです。

一方、先進諸国の中にあって、日本のホワイトカラーの生産性の低さを指摘されて数十年たちます。

生産性の向上に寄与するはずの目標管理が8割を超える企業で導入されていながら、先進諸国の中で低い生産性のままであり続けているのは不可解です。その理由はシンプルで、目標管理が正しく理解されていないからです。その結果、正しく実践されていません。多くの日本企業で導入されているのは、名ばかりの目標管理です。その実態はノルマ管理になっています。つまり、ドラッカーが説いた正しい目標管理が、きちんと理解されていないのです。

ドラッカー理論の研究を今日まで50年続けています。大学講師としてドラッカーを教え、コンサルタントとしてドラッカーを実践し、研修講師としてドラッカーを説いてきました。その内容をまとめ、『徹底的にかみくだいたドラッカーの「マネジメント」「トップマネジメント」』(主婦の友社)を数年前に刊行しました。この本の発売後、多くの企業経営者から続編として、「ドラッカーの目標管理をわかりやすく解説した本を出してほしい」という声をたびたび耳にしたのです。

ドラッカーがビジネス社会に残した功績は数えきれませんが、その中の一つは間違いなく目標管理の体系化でしょう。

ドラッカーは、目標管理をマネジメントの哲学であると断じました。そこまで言いきるドラッカーの目標管理にかける熱い思いには、私たちの想像を超えるものがあります。

ドラッカーは、目標管理をManagement By Objectives and Self-control と表現し

ました。直訳すると、複数の目標と自己管理によるマネジメントとなります。**ドラッカーによれば、Self-controlにこそ、目標管理の本質があると言います。**目標管理によって初めて支配のマネジメントから自己管理によるマネジメントが可能になるとも述べています。つまり、自ら自発的に目標を設定して、主体性をもってその目標の達成に取り組み、その結果の評価についても自ら行い、さらに次の目標設定につなげていく、というのがドラッカーの説く目標管理です。

それに対し日本の多くの企業で行われている目標管理は、一方的に上司から目標が与えられ、あとは一人で考えて何とかしろと言われ、結果についても上司が一方的に評価を下す、という流れになっていて、結局、ドラッカーが説いた目標管理とは全く異なる、まさにノルマ管理になってしまっているのです。これでは、目標管理に期待される成果が出る方が不思議といえるでしょう。

本書は、この国家的な損失ともいえる現在の不可解な状況を打破し、日本の企業全体の生産性をもっと高みに押し上げるために、本家本元のピーター・F・ドラッカーが説いた正しい目標管理の考え方と進め方について徹底的にかみくだいて説明しています。誰にでも理解・実践できる内容に仕上げた目標管理の超入門書です。わかりやすさと読みやすさを優先しましたが、ドラッカーの考えを正しく理解していただくために、あえてわかりやすさと読みやすさを脇に置いて正確さを優先した箇所もあります。この点はご容赦ください。

この本の主たる読者は、企業をはじめとするあらゆる組織・団体で働く中間管理職の方々を想定していますが、目標をもって何かを達成したいと考えている人であれば、ビジネスパーソン・学生・主婦の方々でも必ず参考になるでしょう。

評価する側のモヤモヤ感と評価される側が感じる理不尽を解決する内容だと強く思います。

この本を活用し、目標に向かって積極的に生きるハリのある生活を実現されることを心から願っています。

長崎の仕事場から　二瓶　正之

自己目標管理の基本

目標設定

- 努力を必要とする具体的で明確な目標を設定する
- 全社目標・全社方針と部門目標・部門方針との整合性のある目標を設定する
- 組織の成長と個人の成長を同時に実現できる目標を設定する
- 部下の目標の原案を上司との対話で洗練させ、部下が納得して自己決定した目標を設定する

結果の評価

- 結果の評価を人事評価と連動させ、能力開発や業績改善に生かす
- 目標の困難度に関連する外部要因と協力要因を考慮して評価する
- 結果の評価は部下の自己評価を前提とする
- 達成した結果と設定した目標との対比を通じての評価を行う

プロセスの管理

- 目標達成に向けた遂行行動への適切なサポートを行う
- 環境条件や前提条件の変化に柔軟に対応する
- 結果のみを追わず、プロセスの充実に主眼を置く
- 中間目標の進捗について継続的なコミュニケーションを取る

目次

はじめに …… 2
自己目標管理の基本 …… 6

第1章 自己目標管理の基礎的理解

目標管理とは何か …… 14
自己目標管理の目的 …… 17
目標はなぜ必要か …… 20
自己目標管理の基本ステップ …… 25

第2章 自己目標管理の実践的理解

目標設定の手順 …… 34
目標のつくり方 …… 39
自己目標管理実践のポイント …… 43
目標設定の深掘り …… 48
プロセスの管理の深掘り …… 55
結果の評価の深掘り …… 60
自己目標管理シート作成に関わる注意点 …… 65
自己目標管理を成功させるために管理職に求められる資質 …… 69
自己目標管理の全社導入の準備 …… 74

第3章 人事評価の基本

人事評価の目的……80
管理者にとっての人事評価の目的……84
人事評価の基本ルール……87
人事評価者としての心構え……92
人事評価における留意点……95
業績（成果）評価のポイント……98
能力評価のポイント……102
情意（態度・姿勢）評価のポイント……106
人事評価におけるフィードバック……109
フィードバック面談のポイント……113

人事評価からの職場マネジメント理解……118

第4章 セルフマネジメントの基本

セルフマネジメントの理解……124
セルフマネジメントの実践……126

第5章 自己目標管理が生まれるまで

下地となった家庭環境 134
エルザ先生との出会い 136
フリーグラー牧師の言葉 139
デモ行進での覚醒 141
ヴェルディの教訓 143
ドンブロウスキー編集長の教え 145
シニアパートナーからの教訓 147
生涯のテーマと自己目標管理 150

おわりに

おわりに 155
ドラッカー略年表 158

第1章

自己目標管理の基礎的理解

目標管理とは何か

目標管理の考え方を世界で初めて説いたのは、マネジメントの父ともいわれる世界的な経営学者でありコンサルタントであるピーター・F・ドラッカーでした。彼の数ある著作の中で間違いなく代表作の一つである『現代の経営』（1954年刊行）において、人類史上初めて目標管理の考え方を提唱し、その19年後に手掛けた最大の代表作『マネジメント』（1973年刊行）において、さらに洗練させた形で発表しました。

日本語で目標管理と訳されたものの、ドラッカーが『現代の経営』で示した英語表記は、Management By Objectives and Self-controlでした。直訳すれば、複数の目標と自己管理によるマネジメントとなります。ところが、日本の多くの企業では、後半の自己管理を省いて、ただの目標による管理、つまり、Management By

Objectives と間違って理解し、それをMBOと略して呼ぶようになりました。

本来、ドラッカーが唱えた目標管理は、省かれた自己管理に本質があり、自ら自発的に目標を設定して取り組み、その結果の評価についても自ら行うことに特徴があります。この点を踏まえて、ドラッカーは目標管理の導入によって、支配のマネジメントから自己管理によるセルフマネジメントが実現できるのであり、目標管理こそがマネジメントの哲学といえるのだと宣言しました。

　ドラッカーが唱えた目標管理の意味は、一人ひとりが属する組織の成長に貢献することを通じて個人としての成長につながる価値あ

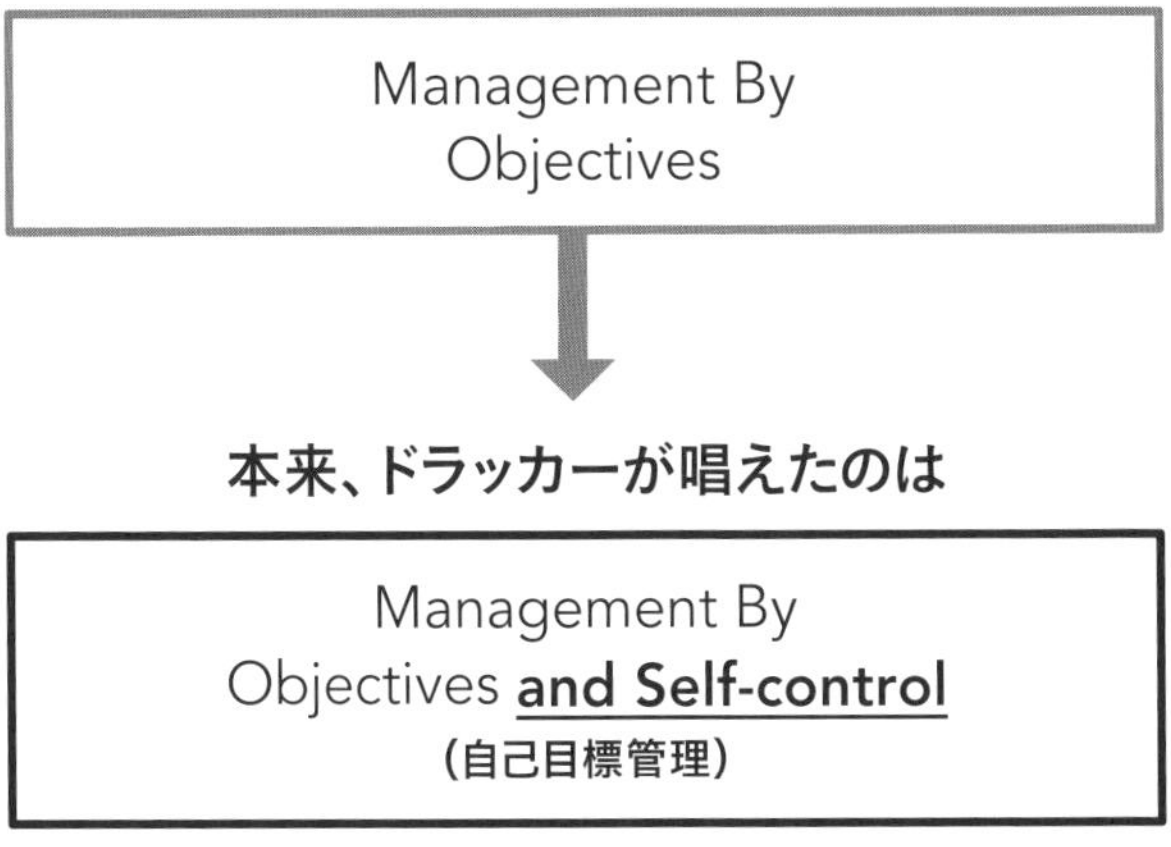
Management By Objectives
本来、ドラッカーが唱えたのは
Management By Objectives and Self-control
(自己目標管理)

る目標を、主体性をもって達成する。これによって、組織と個人の成長を同時実現するものでした。目標管理の本質をよりかみくだいて表現すれば、一人ひとりが「自分の活躍の場を創造し、それを上司がサポートする」ことに核心があるといえます。

従って、目標管理の本質といえる自己管理は、上位役職者が強制的にノルマを課し、それに基づいて管理するものではなく、あくまでも自らの主体性と自発性に基づいて設定された目標によって自らを管理する。つまりセルフコントロールするという意味が込められています。そして、結果の評価についても、あくまでも自らが客観的な視点から自己評価し、次の目標設定につなげることも含まれています。

既に多くの日本企業で展開されている目標管理は、ドラッカーが唱えた目標管理とは全く意味の異なる管理手法であり、単なるノルマ管理としかいいようのないものになってしまっているのです。

ドラッカーのほとんどの著作を翻訳された上田惇生さんは、おそらく日本における目標管理の誤った状況に強い問題意識を持たれ、既に広く流通してしまっている誤った目標管理と本家本元のドラッカーの目標管理を厳密に区別するために「自己目標管理」という新たな訳語を創出したと思われます。とても適切な訳語だと感じます。本書でも、目標管理に代えて、自己目標管理という訳語を使って説明していきます。

自己目標管理の目的

ドラッカーが唱えた目標管理、つまり自己目標管理の目的は、組織の成長と個人の成長を同時に実現することにあります。自己目標管理の数あるメリットのうち、主たるメリットは大きく四つにまとめられます。

自己目標管理の主たるメリット

①組織の成長と個人の成長のベクトルを合わせられる
②継続的な成長軌道を実現できる
③上司と部下の間により深いコミュニケーションを実現できる

④仕事への強い動機づけ効果を実現できる

①組織の成長と個人の成長のベクトルを合わせられる

組織全体の方針と目標が示している組織全体の方向性とそこに属する組織の成員一人ひとりの成長への努力の方向性とを一致させられます。組織が目指す方向性と個人が目指そうとする方向性が異なっていると個人の努力が組織の成長に結びつきません。組織にとっては無駄な努力、場合によっては危険な努力になる可能性があります。自己目標管理は組織の成長と個人の成長を同じ方向性にして、個人の成長がダイレクトに組織の成長に寄与する道筋を用意します。

②継続的な成長軌道を実現できる

主体性と自発性に基づいて設定された目標に自ら取り組み、その結果の評価も自ら行い、次の目標設定につなげる。このプロセスを踏むことで、一人ひとりの継続的な成長軌道を実現できます。自己目標管理は、人間というものは責任・貢献・達成を欲するものだという前提に立つとドラッカーは言います。この肯定的な人間観を前提にすると、人は自ら努力を必要とする高い目標を立て、その目標達成に積極的に取り組み、結果についても深く内省するという厳しい自己規律につながります。その結果、大いなる成長を約束します。

③上司と部下の間により深いコミュニケーションを実現できる

率直な対話を通じての目標設定により、上司と部下が互いの考えの違いに気づき、深いコミュニケーションを実現できます。目標設定面談に先立つ事前面談で、上司が部下に今期において期待することを伝えます。それを部下は自己目標管理シートの「上司が期待すること」の欄に記入しますが、この記入内容を目標設定面談時に確認すると、多くの場合、内容の修正が必要になり、いかに両者のコミュニケーションが不十分だったかを認識することになります。この考えの違いの認識が、両者のコミュニケーションを深めるきっかけをつくるのです。

④仕事への強い動機づけ効果を実現できる

目標を個人が受け入れたとき「目標の意義の明確性」「目標の具体性」「目標の困難性」が強い動機づけ効果を生みます。このロックの唱えた目標設定理論の原理と自己目標管理における目標設定についての基本的な考え方は同じものです。自己目標管理の実践が部下の仕事に対する強い動機づけにつながるのです。

ドラッカーも『マネジメント』の中で、自己管理が強い動機づけをもたらし、適当にこなすという考えを捨てさせ、最善を尽くしたいという願望を起こさせると述べています。

この四つのメリットが、結果として、自己目標管理の実践が管理者の部下マネジメントを容易にしてくれています。

目標はなぜ必要か

自己目標管理の内容理解に踏み込む前に、ここでは、そもそも目標がなぜ必要なのか？という基本的なことの確認をしておきます。

「散歩の途中に富士山に登った人はいない」という表現があります。大きなことを成し遂げるには、無計画な思いつきではとうてい無理で、しっかりとした目標を立てて準備をして臨まなければならないことを示唆する言葉です。

このことをもう少し掘り下げたいと思います。

目標があるとないとでは、どんな違いが生まれるでしょうか？

目標の必要性

①向かうべき方向が明確になる
②努力すべきテーマが明確になる
③ハリのある毎日につながる
④やりがいのある人生をつくれる
⑤成長につながる機会を持てる

①向かうべき方向が明確になる

目標があれば、「向かうべき方向が明確になる」ので迷うことなく突き進んでいけばゴールにたどり着けるでしょう。

目標がないと、どこに向かっていくのかわからず、「行く先のない旅」に出ることになります。先が見えないことは不安やストレスをもたらします。42・195キロを走るフルマラソンは、42・195キロ先にゴールがあることがわかっているので完走できますが、ゴールを決めずにただ走り続けるだけだと、世界レベルの選手でも42・195キロは走りきれないそうです。

②努力すべきテーマが明確になる

目標の達成に向けていろいろな創意工夫がなされ、そこに努力が集中特化され、効率よくゴールに至るでしょう。しかし、目標がないと、何をすべきかがわからなくなり、「努力のしようがない」という状況に陥ります。目標がないと、方向性が定まらず、どこに向かって努力をしたらよいのかがわからなくなります。結果的に間違った方向に向けて無駄な努力をしてしまい、すべてが徒労に終わりかねません。

③ハリのある毎日につながる

目標達成に向けて取り組む毎日が変化を生んで健康的ともいえる適度な緊張感を生み、ハリのある生活につながります。一方、目標がないと漫然とした変化のない「惰性の毎日」につながります。目標を持たなければ何となく日々の流れに身を任せるだけのマンネリの毎日を過ごす羽目になります。

④やりがいのある人生をつくれる

目標達成に向けて積極果敢に取り組むことは、創造的で生産的な生き方につながり、やりがいのある人生をつくります。逆に、目標がないと、受動的で非生産的な生き方になり、「やりがいのない人生」につながります。

⑤成長につながる機会を持てる

目標達成に向けてのチャレンジは必ず成長を促し、達成・未達成にかかわらず深い気づきと学びの機会となります。そして、目標達成を通じて達成感とともに成長感を感じられます。一方、目標がないと、何かにチャレンジするという「成長につながる機会を持てない」ままとなり、やがて挑戦しなかった日々を悔やむことになるでしょう。

このように、目標を持つか持たないかで、人生は大きく分かれます。結局、自ら目標を決めて取り組むということは、自分の人生に自らが責任を負うことであり、自分の成長に自らが責任を負うことを意味します。仕事という枠組みを超えて、目標をもって生きる。これが価値と意義のあることだと部下一人ひとりに語り続けることが大切です。それが自己目標管理を効果的に実践していくための下地になります。

上司はこのことの重要性を認識し、目標をもって生きることの価値を語る「語り部」であるべきです。

自己目標管理の基本ステップ

自己目標管理は、「目標設定」「プロセスの管理」「結果の評価」の三つの基本ステップから構成されます。それぞれのステップについて少し詳しく説明します。

第一ステップの「目標設定」のポイントは四つです。

目標設定のポイント

①期間内に達成するべき具体的で努力を必要とする明確な目標設定
②今期の全社目標・全社方針と部門目標・部門方針に対して整合性のある目標設定
③組織の成長と個人の成長を同時に実現できる目標設定
④目標の原案は部下自らがつくり、それを上司との率直な対話を通じてブラッシュ

アップさせ、自らが納得した最終目標を設定

①期間内に達成するべき具体的で努力を必要とする明確な目標設定

重要なのは、「努力を必要とする」というところです。自己目標管理において、目標とは努力を必要とするチャレンジ性のあるストレッチ目標（背伸びを必要とする目標）だということです。何ら努力を必要とせずにできてしまうものは目標とはいえません。

②今期の全社目標・全社方針と部門目標・部門方針に対して整合性のある目標設定

そのためには、上司は事前面談において、今期の全社目標・全社方針と部門目標・部門方針について丁寧な説明をすることが不可欠です。

③組織の成長と個人の成長を同時に実現できる目標設定

ここでいう組織とは、会社全体と所属する部門の両方を含んでいます。

④目標の原案は部下自らがつくり、それを上司との率直な対話を通じてブラッシュアップさせ、自らが納得した最終目標を設定

上司が積極的に目標設定に関与しつつ、最終的に自分自身で決めた目標だと実感できる形で設定に至ることが大切です。

次に、第二ステップの「プロセスの管理」のポイントについて見ていきます。 やはりポイントは四つです。

プロセスの管理のポイント

①目標達成のために必要不可欠のプロセス進捗管理
②結果のみを念頭に置かず目標達成のプロセスを充実させる進捗管理
③環境条件や前提条件の変化に柔軟に対応した進捗管理
④目標達成に向けた遂行行動へのサポートを含んだ進捗管理

①目標達成のために必要不可欠のプロセス進捗管理

そのためには、四半期ごとの中間目標（マイルストーン）を設定してたどるべき道筋を上司と部下との間で共有し、その進捗《しんちょく》がすぐわかるようにしておくことと、上司と部下との間で絶えず進捗についてコミュニケーションを取り続ける必要があります。このポイントさえ押さえていれば少なくとも目標未達で終わることは避けられます。

②結果のみを念頭に置かず目標達成のプロセスを充実させる

望む結果を継続して安定的に手に入れるには、プロセスの充実と強化が何より大切です。キーワードは「早め早めに手を打つ」です。

③環境条件や前提条件の変化に柔軟に対応した進捗管理

当初の目標設定時の環境や前提が、その後も変化しないで継続することの方がまれで、ほとんどの場合は、時間の経過とともに変化します。時には、目標の修正や再設定が必要です。そのための心の準備は不可欠といえます。

④目標達成に向けた遂行行動へのサポートを含んだ進捗管理

上司は、部下の目標設定に深く関与することが求められますが、プロセスの管理においても見守るだけではなく、必要なタイミングで積極的なサポートを行うことが求められます。上司が行うべきサポートは、励ましを通じてのサポート（情緒的サポート）・目標達成に役立つ情報の提供を通じてのサポート（情報的サポート）・具体的な行動を通じて手助けするサポート（道具的サポート）・そもそもこの目標がいかなる目的で設定されたのかを思い出させる気づきのサポート（教育的サポート）の大きくは四つです。

第三ステップの「結果の評価」のポイントも四つです。

結果の評価のポイント

①期間内に達成した結果と当初設定した目標との対比による結果の評価
②最初に部下自らが客観的な視点からの結果の評価をすることを前提とする
③目標の困難度に関連する外部要因と協力要因を考慮した評価を行う
④結果の評価を人事評価と連動させ、能力開発や業績改善に活用する

①期間内に達成した結果と当初設定した目標との対比による結果の評価

結果の評価は必ず当初の目標との対比でなされないと、目標の存在が無意味なものになってしまいます。そのためには、目標の詳細を上司と部下の両者において十分に理解・共有されていることが大切になります。

②最初に部下自らが客観的な視点からの結果の評価をすることを前提とする

部下の自己評価を踏まえて結果の評価について上司とのすり合わせをフィードバック面談において行います。上司はまず部下自らの自己評価に耳を傾けることから始め

ます。

③目標の困難度に関連する外部要因と協力要因を考慮した評価を行う

当初想定していた目標の困難度が、環境の変化によって変質し、難しくなったり、容易になったりすることがあります。また、上司や同僚のサポートによっても困難度が変わってきます。

④結果の評価を人事評価と連動させ、能力開発や業績改善に活用する

自己目標管理は、人事評価制度と連動しながら運用することがベストです。人事評価とリンクさせることで、自己目標管理への一人ひとりの取り組み方が精度の高い真剣なものになり、より高い目標設定にも確実につながっていきます。

自己目標管理シートの主な記入項目

- 目標（定量目標と定性目標）
- 達成方法
- 着手時期と達成期限
- 上司が期待すること
- 今期担うべき役割
- 上司に期待するサポート
- 中間目標（マイルストーン）
- 中間目標の進捗の評価（上司・本人）
- 最終結果の評価（上司・本人）

第2章

自己目標管理の実践的理解

目標設定の手順

「目標設定」は自己目標管理の三つの基本ステップにおいて最も重要なステップです。

このステップにどれだけの時間とエネルギーをかけたかで自己目標管理の成否が決まります。時間とエネルギーをかけた目標であればあるほど、その目標への思い入れが強くなり、何としても達成したいという意識が生まれます。

目標設定の手順は、大きくは五つの段階に分けられます。

目標設定の五段階

事前面談

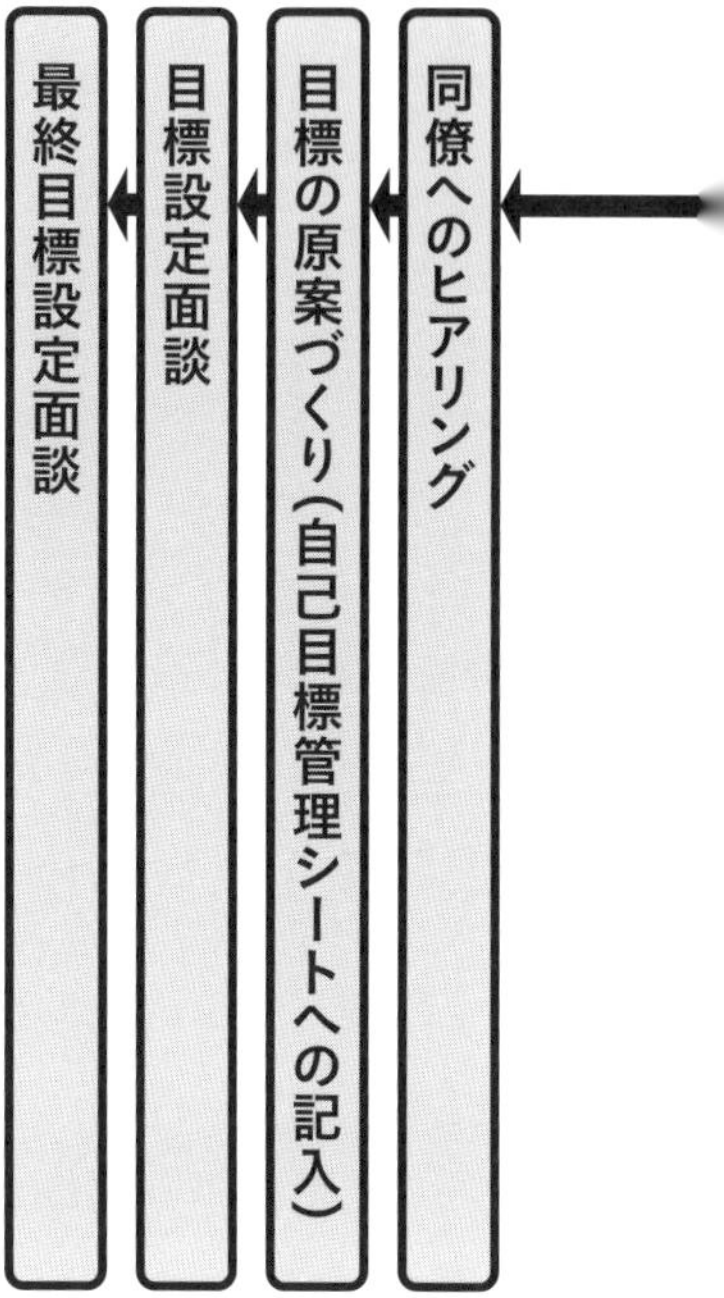

①事前面談

上司は部下に今期の全社目標・全社方針と部門目標・部門方針について丁寧な説明を行い、部下に今期、何を期待しているかしっかりと伝えます。もちろん部下自らが目標の原案づくりの基礎データにするためです。部下は、ここで上司から聞いた今期に自分に期待することについて整理し、自己目標管理シートの「上司が期待すること」の欄に記入します。この段階では、上司から見ると不十分であることが多いでしょう。のちに行う「目標設定面談」において、その不十分な点や理解不足の点を上司がフィードバックして部下に修正を促します。

②同僚へのヒアリング

上司を除く、職場の先輩・同僚・後輩・部下から、今期に自分に対して期待することについてヒアリングをします。そして、ヒアリング結果を集約して自己目標管理シートの「今期担うべき役割」の欄に記入します。

ここでの注意点は、「要求」ではなく「期待」という言葉でやりとりをすることです。「要求」という言葉は、人に強いプレッシャーを与え、受動的でネガティブな反応を引き起こします。それに対し、「期待」という言葉は、ドラッカーも言うように、人を能動的にさせ期待に応えたいというポジティブな反応を導き出します。目標設定時では言葉の使い方がとても大切です。

行動の前提には思考があり、思考を形成するのは言葉です。行動を変えるには、言葉を変える必要があります。言葉の大切さと言葉の力に意識を向けることは、目標設定時において特に大切です。

③目標の原案づくり

部下は前年度の目標達成の結果を振り返り内省した上で、上司との事前面談と同僚へのヒアリング結果を踏まえ、今期の目標の原案づくりに取り組みます。**この作業に2週間は準備期間として与えることが望ましいです。**やっつけ仕事で目標の原案づくりをすると、できあがった目標に対する思い入れが弱くなります。また、目標の妥当性も担保できません。部下は時間をかけて熟慮してつくった目標の原案とその達成方法、着手する時期と達成する時期を自己目標管理シートに記入します。

④目標設定面談

部下は記入済みの自己目標管理シートを持参し、上司との目標設定面談に臨みます。上司は、面談に先立ち、部下観察ノート（上司は、部下一人に対して1冊の部下観察ノートをつくり、日々の部下観察の結果を記入する）を見直すとともに、前年度の部下の目標達成状況や提出物（報告書や企画提案書など）を確認します。面談では部下自らがつくった目標の原案についての考えを説明して上司のフィードバックを受けます。この際、上司は部下の考えと一致する点から話を始め、徐々に不一致点にシフトするのが重要です。これによって、面談自体が友好的でかつ建設的になります。上司は目標が部下の能力から見てチャレンジを必要とする、つまり一定の努力を必要とするものになっているかを客観的に見極めます。仮に、さほど努力を必要としない目標であれば、再考を促し目標の上方修正を求めます。逆に、下方修正を求める場合もあります。自己目標管理シートの「上司が期待すること」の欄の記入内容についても、理解不足が認められる場合は、書き直しを求めます。

⑤最終目標設定面談

上司に再考を求められた部下は、目標や上司が期待することについて見直し、修正を加えた上で、再度の目標設定面談、つまり最終目標設定面談に臨みます。この段階では、上司は部下と忌憚《きたん》ない意見交換をし、最終的に部下が納得し、結果として部下自らが決めた「自分の目標」という意識が持てるように配慮し面談を進めます。

そして、目標達成に向けた全面的な協力・サポートを部下に約束し、部下の目標達成への奮起を促し、感謝の言葉で面談を締めくくります。

この面談での上司の基本スタンスは「承認」と「期待」です。部下の「これまで」を認めて、部下の「これから」を期待するというあり方が大切です。

①から⑤の五段階ののち期末に「フィードバック面談」を行います。

目標のつくり方

目標のつくり方には三つのアプローチがあります。

目標づくり三つのアプローチ

①組織目標への貢献から考える
②「どうなりたいか」から考える

③自己の強みから考える

①組織目標への貢献から考える

組織の目標達成に対して最大の貢献につながる目標とは何かを考えて設定します。このアプローチが目標づくりの基本中の基本です。これまで関わった企業のミドルマネジメント（中間管理職）の方々から、「組織の目標達成には直接つながらないことはわかっているのですが、せっかく部下自らが自発的に主体性をもってつくってきた目標なので、個人目標として承認してあげました」という声をたびたび耳にします。この管理職は、一見、部下思いの優しい上司のように見えますが、自己目標管理の考え方からすると的外れな判断で自己目標管理の精神から大きく逸脱しています。

自己目標管理の出発点は「初めに組織目標ありき」です。この基本は外してはいけません。

②「どうなりたいか」から考える

どうなりたいかという理想像と現状との対比によって見いだされたギャップを課題と捉え、その課題をクリアするには何をすればいいかという観点から目標をつくりだすアプローチです。このアプローチで重要なのは現状認識です。できる限り客観的な視点に立ち、あるがままに現状を見つめ直すことが大切です。同時に、どうなりたいかについても具体的に理想とする状態を明らかにすることも重要です。目指すべき状態が明確で具体的であるほど達成への意欲と達成確率が高まります。

③自己の強みから考える

ここでの自己の強みとは組織への貢献につながる自己の強みです。ドラッカーは、「マネジメントとは一人ひとりの強みを組織の成果につなげることである」と言っています。では、「強み」とは何でしょうか。多くの人は強みの理解ができていません。**強みと能力は違います。能力は努力して手にするものですが、強みは努力を必要としません。**強みは生まれながらに持っているものです。つまり、努力を必要としないのです。

多くの人は、強みとは努力の結果として手にするものだと誤解しています。本人は努力もせずに軽々とできるので、自己の強みであるという認識が持てないのです。

上司はしっかりした部下観察に基づいて、部下の強みをフィードバックすることが望ましいです。部下の強みを理解するためには部下観察に加え、いろいろな経験をさせてみることです。かつて、多くの日本企業が当たり前のように実施していたジョブ・ローテーションは、実は部下の強みの理解に寄与する素晴らしい方法論でした。部下はジョブ・ローテーションにおける経験を通して、意外な場面で強みを見せます。上司はこのようにして知り得た強みを部下にフィードバックします。そして強みを生かす目標を設定し、強みにさらに磨きをかける方法は何かを考えて目標を設定します。

この三つのアプローチは、それぞれ独立したものではなく、現実的には、三つのアプローチの合わせ技で目標設定するのが望ましいです。

自己目標管理実践のポイント

ここでは、自己目標管理を実践していく上で、押さえておくべき五つのポイントについて説明します。

自己目標管理実践の五つのポイント

①指標と基準の明確化
②目標達成へのシナリオの共有
③成長につながるストレッチ目標の設定
④納得性と相互理解の確保
⑤ミッションとビジョンへのフォーカス

①指標と基準の明確化

自己目標管理の実践において、どんな状態が達成といえるのかの明確化が大切です。そのために、目標が達成できたと判断する指標の達成水準（レベル）の基準を明確化することです。つまり、何を物差し（指標）にして、どこまで（基準）を目指すのかを明確化します。

このとき、明確にしやすいことだけを優先し、数値化可能な目標だけを目標にしてしまいがちです。ドラッカーは、目標とは数値化可能な定量的な目標だけでは不十分。必ず数値化できない定性的な目標を設定しなければ、バランスの取れた目標設定につながらないと注意を促しています。数値化が難しい場合は、「こういう状態になったら達成できたとしよう」という状態目標として設定するか、「この日までにこれだけできたら達成」というスケジュール目標に分けて設定します。

②目標達成へのシナリオの共有

目標達成への道筋＝シナリオをしっかりと描き上司と部下との間で共有する。この共有により目標達成行動の進捗《しんちょく》の逐次の確認と、必要な軌道修正が可能です。そのシナリオを職場全体でも共有すれば目標達成に向けたチームワークとチームプレイも可能になります。

シナリオづくりに先立って、目標達成のための具体的な方法についても明確にするとともに、達成のプロセス管理のために四半期ごとの中間目標（マイルストーン）の設定も重要です。**特に、初動の四半期である3カ月後の中間目標の達成状況は極めて重要です。**この段階での未達状況への適切な対応が通期の目標未達という最悪の事態の防止につながります。

③成長につながるストレッチ目標の設定

目標の原案は部下自らがつくることが大前提です。目標に対して積極的な意識を醸成することが極めて重要です。この積極的な目標意識の醸成によって、自己の成長につながる努力を必要とするチャレンジ性のあるストレッチ目標（背伸びを必要とする目標）を、本人の自発性と主体性によって設定することが可能となります。

ドラッカーは、自己目標管理の最大の価値は、上司・部下間の真のコミュニケーションの実現にこそあると断言します。部下の成長につながる適切なストレッチ目標を設定するには、上司と部下との間で遠慮のない建設的なコミュニケーションが必要です。この目標設定のコミュニケーションを通じて、上司と部下はいかに互いに理解不足であったかを認識します。そして、互いの思いと考えの真意を知り、その結果、相互理解が相互信頼へと変化して両者が納得できる目標設定に行きつきます。

④納得性と相互理解の確保

事前面談と目標設定面談を通じて、上司・部下ともに、目標設定について納得と相互理解を得ることが重要です。その際、目標だけでなく達成方法と着手時期についても上司と部下でしっかりと詰めることが大切です。**目標だけは決めて、「あとはよろしく頼む」というのは、自己目標管理においてはあり得ません。**

どんな方法で達成するのか？

もし目標未達で終わるとしたら原因は何か？

達成に向けて必要なサポートは何か？

上司の立場でできるサポートは何か？

このような視点から上司と部下との間で率直なコミュニケーションが求められます。本当に大切なことは何かを論じる質の高いコミュニケーションが、両者の相互理解を確かにします。

結果の評価を上司と部下で行う「フィードバック面談」をスムーズに実施するためにも、目標設定時の納得性と相互理解の確保は重要です。自分のことを「わかってくれている」安心感から生まれる上司への信頼は部下にとって重要なモチベーションのベースとなります。多くの武将が主君のためには進んで命をささげた戦国時代でも、主君の理解を得られず絶望した武将は主君の命を奪ったという厳然たる事実は相互理解の重要性を教えてくれます。

⑤ミッションとビジョンへのフォーカス

自己目標管理の実践において欠かせないのは、その目標を目指す理由を明確化することです。目標の上位概念としての目的の理解は、目標達成へのモチベーションの源泉です。目標未達で終わる原因の一つは、目標達成に没頭するあまりに目標を目指す理由、つまり目的を見失ってしまうことにあります。

目標の前提としての目的を意識するには、その源泉となる自社のミッションとビジョンについて深い理解と共感を持ち、絶えず意識を向けることが大切です。

わが社は、いかなる企業であり、その存在理由、つまりミッションは何か、そして、そのミッションが実現されたときにはいかなる状態にあるか？　ミッションとビジョンを踏まえた上で、目の前の目標に向き合うことが目標達成の確率を大幅に上昇させます。上司は事前面談や目標設定面談で繰り返し自社のミッションとビジョンを部下に語り続けることが大切です。

目標設定の深掘り

ここでは、第一ステップの目標設定の実践的な深掘りするポイントを示します。

目標設定の深掘りポイント

①目標を目指す理由と所属する組織のミッションの明確化
②目標設定時の上司と部下との率直で建設的なコミュニケーション
③目標意識の醸成
④成長についての考え方の理解
⑤目標のカテゴリー数とそのカテゴリーごとの目標数の適正化
⑥目標の達成方法の明確化と目標未達につながる阻害要因の分析

①目標を目指す理由と所属する組織のミッションの明確化

自己目標管理とノルマ管理の決定的な違いはミッションの共有の有無です。

数値目標を上から与えられ、何のためにその数値を目指すのかを教えられず、ただ数値目標の達成を目指すというノルマ管理。これはドラッカーの説く自己目標管理ではありません。

本来はまず、ミッションの共有から始まります。われわれの事業は何か？　所属する企業の存在理由についての問いから始まるのです。正しい自己目標管理を実践するには企業が存在するミッションの定義が必要です。自社のミッションを定義せずに自己目標管理の導入は無謀であり、結果としてノルマ管理への転落につながります。

管理者は事前面談の段階で、全社目標・全社方針と部門目標・部門方針を部下に伝える前に、自社のミッションと管理者が率いる部門のミッションを自分事として語ることが必要です。上司の熱い思いのこもったミッションについての語りが、部下に伝わることで上司と部下との間でのミッションの共有が確かになります。ミッションは、会社全体のミッションだけにとどまらず管理者が率いる部門のミッションも同様に熱い思いで語ることが求められます。この目的とミッションの共有が、目標達成への強い動機づけになります。従って、自己目標管理の導入の前に自社のミッションと自部門のミッションの構築が重要な前提条件となります。

②目標設定時の上司と部下との率直で建設的なコミュニケーション

率直で建設的なコミュニケーションとは日常の仕事で構築された相互信頼関係が前提となります。逆に言えば、上司と部下との間に相互信頼関係が築けないと目標設定に対しての率直で建設的なやりとりは不可能です。おそらく安易な妥協によるチャレンジマインドの欠如した平凡な目標設定に陥ってしまう。あるいは部下の能力や強みを無視した過大な目標を押しつけ部下をつぶすだけのノルマ管理に陥ってしまうでしょう。

そのような事態を避けるには、上司が部下をしっかりと観察して必要に応じて部下の仕事に関心をもって関わることが求められます。部下の強みと能力の把握は、上司の役割として極めて重要です。上司は、部下理解のために部下ごとに1冊の部下観察ノートをつくり、部下の言動について特記すべきものや評価すべきことをノートに記入して残すことが大切です。この部下観察ノートの記入を通じて、上司は部下理解を深めていきます。そして、その深い理解の上に立ち、より適切な部下指導がされて、部下との相互信頼関係が構築され、目標設定場面での率直で建設的なコミュニケーションが実現されます。

③目標意識の醸成

仕事においてだけでなく、人生全般において目標を持つことは極めて価値がありま す。積極的な目標意識の醸成なしに自己目標管理を継続的に実践していくのは困難で す。加えて、チャレンジ性やストレッチ性の観点から目標設定の精度を上げるために も、目標意識の醸成が重要です。

そのためには、上司自らが目標や夢について部下の前で語りましょう。夢を語る上司に部下は魅力を感じます。ロマンをもって、自らの目標や夢を語れる上司の姿から部下は目標を持つ価値と意義を実感します。こうして芽生えた前向きな目標意識が、自己目標管理における精度の高い目標設定を確かなものにします。

④成長についての考え方の理解

ドラッカーは、「人は貢献を通じて成長する」と教えています。成長した結果として貢献をするのではなく、何らかの貢献をすることで人は成長を手にするという点が重要です。また、ドラッカーは、「人の成長を手助けするものだけが、真の成長を手にする」とも述べています。この「人は貢献を通じて成長する」という考え方を部下が身につけることで、組織への貢献を通じて自分の成長を実感し、目標設定に臨む積極的な姿勢が生まれます。この貢献意欲に基づく積極的な姿勢がチャレンジ性のあるストレッチ目標を設定する原動力になります。

多くの人は変化を避けて今の状態（コンフォートゾーン）にとどまりがちです。しかし、それでは大きな成長は望めません。**コンフォートゾーンを脱し、自らが変化を起こし新たなことに挑戦しようとする状態（ストレッチゾーン）をつくることが大きな成長につながります。**コンフォートゾーンからストレッチゾーンにシフトするために、ドラッカーが教える「人は貢献を通じて成長する」という考え方が役に立ちます。

⑤目標のカテゴリー数とそのカテゴリーごとの目標数の適正化

業績に関わる数値目標という単一の目標だけを設定することも、ToDoリストに

近い数えきれないほどの数の目標設定も間違いです。目標のカテゴリーは、部門目標への貢献につながる業績目標、自己育成を含む人材育成に関わる目標、マーケティングに関わる目標、イノベーションに関わる目標、企業文化構築に関わる目標、地域貢献に関わる目標などがあります。そして、各カテゴリーごとに数値化できる定量的な目標と数値化できない定性的な目標について検討することが望ましいです。**従って、目標の数は、7個から12個が理想といえます。**目標は意識できる数に限界があり、12個を超えると人は常に意識することが困難になります。

⑥目標の達成方法の明確化と目標未達につながる阻害要因の分析

部下の原案に示された目標の達成方法を、上司は客観的な視点から冷静に吟味し、場合によっては再考を促すことも必要です。目標の検討においては楽観的な攻めの姿勢で臨むことが必要であるのに対し、達成方法の検討においては悲観的な守りの姿勢で臨むことが必要です。

加えて、目標未達につながる阻害要因の分析も上司と部下との間で綿密に行い、事前につぶすことも大切です。その際、類似の目標を掲げて、過去に目標未達で終わった経験のある同僚へのヒアリングも役に立ちます。あらゆる可能性を想定して、万全の体制で目標達成に取り組むことです。

プロセスの管理の深掘り

自己目標管理の第二ステップであるプロセス管理を実践的に掘り下げ、そのプロセスの管理を深掘りするポイントを示します。

プロセスの管理のポイント

①目標達成に向けた遂行状況を逐次把握できる仕組み化
②報告・連絡・相談・確認の重要性の認識
③業務負荷や進捗のアンバランスを回避するストレスマネジメント

④四半期単位での中間目標（マイルストーン）の設定とその達成度に応じた柔軟な対処
⑤互いの目標達成への取り組みの進捗を共有できる場の設定
⑥目標の変更や見直しの覚悟
⑦目標遂行が遅れた場合の対応

①目標達成に向けた遂行状況を逐次把握できる仕組み化

少なくとも週単位で、上司と部下が目標達成の進捗《しんちょく》が把握できる野球のスコアボードのようなものを共有することが大切です。 スコアボードの共有が、部下の目標達成へのモチベーションを持続させます。自分の目標への取り組みを上司が常に見守っている感覚は励みになります。人は何歳になっても他者から認められたいという承認欲求を持っています。ドラッカーも言うように、それは極めて人間的な事実であり、否定すべきではありません。

②報告・連絡・相談・確認の重要性の認識

プロセスの管理においては、状況の変化に応じて早め早めに手を打つことが目標達成を確実にしていきます。そのためにも、部下の報告・連絡・相談と確認作業の精度を上げることが極めて重要です。早めに報告があれば十分にリカバリーできることが、報告が遅れたために対処できない深刻な事態となり、結果、目標達成に至らなかった事例は山のようにあります。

③業務負荷や進捗のアンバランスを回避するストレスマネジメント

目標達成に向けて取り組んでいる過程で、常に予期せぬ出来事が発生します。その予期せぬ出来事によって、当初の目標達成の計画の変更が必要な場合があります。それによって、部下の目標達成への負荷が増加する可能性もあります。状況の変化に対し、当初の計画に固執しない柔軟な対応が、部下への適切なストレスマネジメントにつながります。

④四半期単位での中間目標（マイルストーン）の設定とその達成度に応じた柔軟な対処

初動の四半期である3カ月後の進捗状況を分析し、予定を下回る状況にあるときは目標未達を阻止する策を追加する必要があります。企業の自己目標管理の導入指導を経験して実感するのは、初動の3カ月の進捗状況がわかると、目標達成の可能性を高確率で予測できることです。初動の3カ月の進捗が予想を上回る水準で推移すると、目標達成の確率は高くなります。逆に、初動の3カ月の進捗が予想を下回る水準で推移すると目標未達の可能性が極めて高くなります。従って、上司は、初動の3カ月の進捗を重大視し、この段階で追加策を講じる部下の目標達成行動のサポートが求められます。

⑤互いの目標達成への取り組みの進捗を共有できる場の設定

目標達成に強い意欲を持つ組織は互いの目標達成に対し関心を持ち、互いにアドバイスを感謝して受け止めます。一方、目標達成に強い意欲を持てない組織は互いの目標達成に無関心でアドバイスもしません。管理者は日頃から互いの成長や目標達成に対して関心を持つことの大切さを説き続けることが大切です。

⑥目標の変更や見直しの覚悟

誰も予測できないような環境変化は、今後も起こり得るでしょう。そのような事態が生じたときには、目標の変更は避けられず、当初の目標に固執すると組織の衰退を招きかねません。そのようなときこそ、上司として柔軟性を持ちつつ部下に目標の再設定を促して変わらぬサポートを約束することが、部下との相互信頼関係を築くことにつながるとともに新たな目標への達成意欲の向上にもつながります。

⑦目標遂行が遅れた場合の対応

対応策についての助言や具体的なサポート、さらには達成への動機づけを行う一方、臨機応変にマンパワーの増強や配置転換、教育機会を与えるなど冷静な対応を心掛けましょう。目標遂行の遅れの対応で最も大切なことは原因を突き止め冷静に向き合うことです。その目標達成の計画を再考し原点回帰します。そのためにも上司からの励ましと勇気づけの情緒的サポートと教育的サポートが必要です。部下の焦りや落ち込みに対して、「今こそ学びと気づきを通して大きく成長し飛躍するチャンスだ」という認識を持つことが大切です。

結果の評価の深掘り

自己目標管理の第三ステップの結果の評価を深掘りするポイントを示します。

結果の評価の深掘りポイント

①部下自らの客観的自己評価を起点
②上司の評価は部下の自己評価との一致点から不一致点の順
③当初設定した目標以外の成果も評価の対象

④設定した目標の達成・未達成の要因分析
⑤フィードバック面談の上司のスタンスは承認と期待
⑥部下の評価は上司自身のマネジメントの自己評価と表裏一体

①部下自らの客観的自己評価を起点

「初めに部下自らの自己評価ありき」です。

部下の自己評価に先立って上司の評価を伝えると、部下自らの自己評価に影響を与えてしまい、部下の自己評価の能力の客観的な見極めができなくなります。結果の評価について上司と部下が共有するフィードバック面談では、部下自らの自己評価の説明を上司が聞くことから始めるのが鉄則です。その際も、部下に話を急がせることなく、上司がじっくりと部下の説明を聴くことが重要です。

②上司の評価は部下の自己評価との一致点から不一致点の順

上司の評価を伝えるときには、部下自らの自己評価と一致する点から話し始めて徐々に不一致点に向かうことです。

この順番を厳守することで、フィードバック面談において生まれがちな対決姿勢を和らげ、建設的な雰囲気の中でフィードバック面談を進められます。そのためにも、上司は部下自らの自己評価を注意深く傾聴し、必要に応じて一致点と不一致点を仕分けしてメモを取ることも大切です。

③当初設定した目標以外の成果も評価の対象

目標達成期間の一年を通じて、起こった想定外の事柄から生まれた予期せぬ成果を、当初の目標に加えていなかったことを理由に評価の対象から外してはなりません。部下の新たな挑戦に対するモチベーションを奪う要因となる可能性があります。上司が当初の目標以外には目を向けない姿勢でいると、部下の積極性を阻害することになり、組織の機会損失（チャンスロス）にもつながります。目標の範囲を超えた想定外の成果も、それが組織への貢献に明確につながっているのであれば、評価の対象に加えるべきです。ただし、将来において組織への貢献につながる可能性があるというレベルであれば、現時点では評価の対象とするべきではありません。

④設定した目標の達成・未達成の要因分析

フィードバック面談において上司と部下とで率直なコミュニケーションを通じて設定した目標の達成・未達成の要因分析をします。設定した目標を達成できたもの、できなかったものにかかわらず要因分析を行うことで、次年度の目標設定がより建設的になります。すべての目標が達成できたとしても、結果オーライで済ませないようにします。設定した目標の達成・未達成の要因分析が次年度の飛躍を確かなものにします。

⑤フィードバック面談の上司のスタンスは承認と期待

結果のよしあしにかかわらず、まずは一年間の部下の取り組みに対して面談の始めにねぎらいと感謝の言葉をかけて頑張りを認めます。この承認の姿勢から面談を始めるのが重要です。とりわけ目標未達で終わった部下には、上司のスタート時の承認の姿勢は精神的な救いになります。それが上司と部下との間での率直で建設的な対話を通じて、結果の評価についての合意形成を得るのです。それを踏まえた次年度への期待を示すことで、フィードバック面談が前向きなものになります。上司は常に部下に対して、承認と期待のワンセットで臨むことが大切です。

⑥部下の評価は上司自身のマネジメントの自己評価と表裏一体

部下が目標達成に向けて取り組む過程で、上司がどれだけ適切な助言とサポートを行ったかが部下の目標達成の有無に直接影響します。フィードバック面談では、上司自身も部下から評価されているということを認識する謙虚な姿勢が大切です。部下から自分自身も評価されていると認識することが、上司としての正しいあり方といえます。

自己目標管理シート作成に関わる注意点

ここでは、自己目標管理シート作成の際に押さえる主要なポイントをいくつか紹介しておきます。

自己目標管理シート作成のポイント

①自己目標管理シートを作成するときに自らの仕事に関わる情報はすべて手にできている
②自己目標管理シートは作成した本人の自己管理のための道具
③自己目標管理シートの作成内容自体を評価の対象にしない
④自己目標管理シート作成には時間的準備期間を与える
⑤一つひとつの目標について着手する時期と完了する時期の明確化

⑥進捗状況と記入内容を常に見比べる

①自己目標管理シートを作成するときに自らの仕事に関わる情報はすべて手にできている

かつては、上司が部下よりも圧倒的に多い情報を持っていました。情報量が部下をコントロールしやすくするためのパワーのよりどころとなっていたのです。しかし、情報過多の現代において、自己目標管理を実現するためには情報の共有化と同時入手化が不可欠となります。とりわけ、自らの仕事に関わる情報はすべてオープンにし、いつでも入手可能な状態であることが正しい自己目標管理を実践する前提条件です。

②自己目標管理シートは作成した本人の自己管理のための道具

上司が部下を管理する道具として自己目標管理シートを使うことは避けなければなりません。自己目標管理シートは記入した本人の自己成長を促すための道具です。上司が自己目標管理シートを部下管理のための道具にしたとたんに、自己目標管理が単なるノルマ管理に転落します。ノルマ管理に陥らないために上司はサポート役に徹する態度が大切です。

③自己目標管理シートの作成内容自体を評価の対象にしない

作成内容を評価の対象にしたとたんに、部下は自己目標管理シート作成自体を目標にします。美しい見栄えのする自己目標管理シートをいかに作成するかに意識が向きます。その結果、「手続き重視の文化」が生まれ、役所のような官僚主義がはびこります。日本を代表する某企業が、社員があまりに形式美にこだわった企画書づくりに傾倒しすぎて、企画内容自体への軽視が目立つようになりました。このため、企画書作成にパワーポイントを使うことを禁止したというケースがありました。**自己目標管理シートは目標達成行動のためのツールにすぎず重要なのは実践行動そのものです。**

④自己目標管理シート作成には時間的準備期間を与える

まずは前年度の振り返りをしっかりと行う。その上で事前面談で上司から伝えられた全社目標・全社方針と部門目標・部門方針、上司の期待を自分なりに整理します。そして、同僚にヒアリングをして、同僚の自分への期待を今期の役割としてまとめます。このような手順で今期の目標をつくるにはエネルギーと時間が必要です。ドラッカーは、2週間の準備期間を与えるべきだと述べています。

⑤一つひとつの目標について着手する時期と完了する時期の明確化

すべての目標が評価期間の期首から始まり期末で終わるというプロセスを踏むわけではありません。それぞれの目標の優先順位を意識しながら、一つひとつの目標について着手する時期と完了すべき時期の明確化が着手の遅れを防ぎ目標未達を防げます。

⑥進捗状況と記入内容を常に見比べる

記入した自己目標管理シートは、見返して意識し続けることが目標設定時の見落としや環境変化による目標の修正、再設定の必要性に気づきやすくなり、目標達成へのモチベーション維持につながります。

自己目標管理を成功させるために管理職に求められる資質

自己目標管理を成功させるために、管理職に求められる資質を紹介します。

管理職に求められる資質

①全社目標・全社方針と部門目標・部門方針に精通している
②トップの代行者としての意識と経営者感覚
③主君の命令に逆らってでも、主君を守るロイヤリティマインド
④いつでも未経験の領域に取り組める
⑤部下全員に信頼されている
⑥職場の空気をコントロールできる
⑦すべての部下の成長を心から信じる

⑧部下より先にあいさつする
⑨部下の変化を見逃さない
⑩部下の目標達成へのモチベーションのキープ

①全社目標・全社方針と部門目標・部門方針に精通している

これができていないと、部下の目標設定が間違った方向に向かい組織への貢献につながらない詰めの甘い目標に陥る危険性があります。

②トップの代行者としての意識と経営者感覚

自己目標管理の最大のポイントは、組織の成長と個人の成長の同時実現をすることです。そのために組織目標達成への貢献を通じて個人の成長の実現も求められます。管理職は全体最適への目配りができる経営者マインドを持っていることが重要です。

③主君の命令に逆らってでも、主君を守るロイヤリティマインド

自己目標管理を全社的に本格導入する際には、さまざまな抵抗や批判が起こるのが常です。その逆風をものともせず、覚悟をもって断行する勇気が推進役の管理職には必要です。

④いつでも未経験の領域に取り組める

ノルマ管理に慣れ親しんだ人は、ドラッカーが教える正しい目標管理、つまり自己目標管理の導入に大きな戸惑いと混乱を経験します。混乱した状況から抜け出し自己目標管理を組織に浸透・定着させるには、推進役の管理職がゼロベースになるのです。あたかも未経験の領域に取り組むような姿勢が重要です。

⑤部下全員に信頼されている

職場組織に自己目標管理を導入する際に、推進役の管理職が部下からの信頼を得ているか否かが浸透・定着の速度を決定づけます。自己目標管理を説明する上司が信頼されていれば説明にそれほどの努力を必要としません。部下からの信頼を獲得できていない上司の説明に対しては部下は不信感を持ち、浸透・定着は不透明なものになります。

⑥職場の空気をコントロールできる

長年慣れ親しんだ愛着のあるノルマ管理を取りやめて、ドラッカーが唱えた正しい自己目標管理を全社導入するのは多くの企業のトップが相当な危機感から決断します。そのトップの危機感を職場組織に共有させて組織全体で取り組ませるには、管理職が職場の空気感を察知し、コントロールできる能力が求められます。

⑦すべての部下の成長を心から信じる

いつも上司から目標を与えられることに慣れてきた部下は自己目標管理の導入によって、初めて自ら目標を設定する経験をします。すぐには目標を立てることが難しい部下もいるでしょう。上司が忍耐と寛容の精神をもって部下の目標設定をサポートすることも必要です。そのとき、大きな支えになるのが、部下の成長を心から信じきる誠実さです。

⑧部下より先にあいさつする

昭和世代の管理職には、部下があいさつしてくるまでは、自分からあいさつをしないことを主義にしていた人が少なからずいました。しかし、現代は、あらゆる場面で上司が部下のお手本を示す時代です。あいさつは立場や役職に関係なく、気づいた側から先にするというのが礼儀の基本です。これを実行できる管理職は自己目標管理の実践においても手本を示せるはずです。

⑨部下の変化を見逃さない

自己目標管理を推し進めていくと、目標達成への意欲を何らかの理由で奪われてトーンダウンする部下が出てきます。それを素早く察知し、適切な対応ができるためには、普段から部下観察に心を配り部下の少しの変化も見逃さないことが極めて重要です。さらに普段からなにげない声掛けが、適切なマネジメントの下地になります。

⑩部下の目標達成へのモチベーションのキープ

管理職の重要な仕事は、部下への動機づけであると断言する経営者は少なくありません。逆に、部下の動機づけができない管理職が多いともいえます。目標達成への動機づけのポイントは、「何のためにその目標を目指すのか」という、当初の目的に意識を向けさせること。そして、その前提としての組織のミッションの重要性に回帰させることです。

自己目標管理の全社導入の準備

自己目標管理を本格的に全社導入する場合に押さえておく準備がいくつかあります。準備ステップを踏まずに強引に進めると、結果的にノルマ管理の焼き直しとなる危険性が高いといえます。可能であれば1年から2年の準備期間を設けて進めることをおすすめします。その際、部門長および役員を中心にしたプロジェクトチームを編成し、できればドラッカー理論に精通した組織開発コンサルタントでファシリテーション（会議やミーティングを円滑に進める手法）のスキルを持つ社外の専門家に進行役を依頼するのがベストです。

準備ステップは、大きくは次の五つです。

自己目標管理の全社導入の五つの準備

①自己目標管理セミナーの実施
②事業の再定義
③評価制度の再構築
④説明会の実施
⑤試験的段階導入

①自己目標管理セミナーの実施

自己目標管理を全社導入するための出発点は、

・これまでの目標管理とドラッカーが提唱した自己目標管理はどう違うのか

・本家本元のドラッカーの目標管理の本質とは何か

を学ぶことです。

そのためにはドラッカーの提唱した自己目標管理の考え方を理解している専門家を社外講師として招き、幹部社員全員で自己目標管理について認識の共有化を図ります。

この共有体験がのちの全社展開の原動力になります。

②事業の再定義

自己目標管理を本格導入する場合、まず取り組むことは自社の事業の再定義です。「われわれの事業は何か」「われわれの事業は今後どうなるか」「われわれの事業はどうあるべきか」という観点から、幹部社員全員で徹底的に議論して事業の再定義を行います。そして、再定義に基づき自社の新たな経営理念（ミッション・ビジョン・バリュー）の再構築をします。自己目標管理の本格導入はこの取り組みを経なければ実現できません。その際、大事なのは創業者の思いに立ち返ることです。事業の再定義は、完全なる過去の否定ではありません。むしろ、これまでの歴史や伝統、創業理念にいったん回帰することが大切です。

③評価制度の再構築

事業の再定義後、新たな定義を踏まえて、わが社が求める人材像を明確にします。その際、10年後のビジョン実現に貢献できる人材とはどのような人材かという観点から求める人材像を徹底的に議論するのです。そこで、明らかになった求める人材像をベースに、人事評価制度の見直しを行います。そして、評価項目（能力評価・情意評価・業績評価）の再構築と簡素化を行います。このときに、業績評価と自己目標管理を連動させ、新たな自己目標管理シートを人事セクション（人事部・人材開発部）主導で作成します。

④説明会の実施

全社導入に向け、人事部主導で上位役職者から順に自己目標管理の考え方、目標設定の方法、自己目標管理シートの記入方法の丁寧な説明会を実施します。ここでは、中堅以上の幹部社員の意識改革が重要になってきます。これまで親しんできたやり方を手放してもらうためにも、説明会は意識改革の場であることが求められます。

⑤試験的段階導入

自己目標管理の全社導入は、一気に全社展開という考え方と試験的に上位役職者のレベルで1年行ったのちに、全社導入を進めるという考え方があります。これは、その企業の社風に合わせて選択すれば問題ありません。重要なのは完全に浸透・定着するまでには、数年はかかると覚悟することです。しかし、その後に手にする成果はとてつもなく大きなものになるでしょう。推進役の部署の責任者は、のちの成果を確信して勇気をもって進めていきましょう。

第3章

人事評価の基本

人事評価の目的

自己目標管理の実践は人事評価と連動させてこそ効果を発揮します。逆に言えば、人事評価とリンクさせずに自己目標管理だけを独立させて実施することは極めて難しいのです。工夫と努力が必要となり、尋常ではない高度なマネジメントスキルが求められます。

第3章では、自己目標管理と連動させる人事評価についての基礎を解説します。人事評価を正しく理解するためには、「なぜ人事評価を行うのか」という、人事評価の目的について深い認識を持つことが大切です。

多くの人が人事評価の主たる目的に「公正な処遇の実現」をあげます。それも目的の一つですが、他にも重要な目的があります。なかでも重要なのが「経営理念（ミッション・ビジョン・バリュー）の浸透」です。人事評価を査定のツールだけで済ませてしまうと、人事評価の持つ価値の可能性を著しく狭めます。人事評価の目的を正しく理解し、組織の成長・発展につなげる工夫が大切です。

人事評価の目的は、大きくまとめると、次の五つになります。

①経営理念（ミッション・ビジョン・バリュー）の浸透
②期待する役割と期待する人材像の明示
③人材育成と能力開発
④適正な人材配置
⑤公正な処遇の実現

①経営理念（ミッション・ビジョン・バリュー）の浸透

「人事はメッセージ」「人は評価される方向に動く」と昔から伝えられてきました。これらの言葉が示すように、人事評価は人の行動や考え方に大きな影響を与えます。

この大きな影響力を活用して、経営理念の浸透を図ることこそ、人事評価の最も重要な目的です。この目的があるからこそ、人事評価の戦略的活用が可能になります。

②期待する役割と期待する人材像の明示

どんな役割を期待し、どんな人材に育ってほしいのかを企業で働く人々に明確に示すことも人事評価の重要な目的です。働く側からすると、期待されていることや、どんな人材に育ってほしいのかがわからなければ努力のしようがありません。

③人材育成と能力開発

人事評価は基本的に「未来志向」であることが必須条件です。未来志向でないと人事評価は一気に暗く重苦しいものになります。そのような事態を避け、未来志向の人事評価を確立するための重要な目的が人材育成と能力開発です。人事評価を通じて育成課題を明らかにし、それに取り組むことで人材育成と能力開発につなげていきます。

④適正な人材配置

適材適所を実現するための判断材料を収集することも、人事評価の重要な目的の一つです。人事評価が人事異動の基礎情報となります。

⑤公正な処遇の実現

評価期間における成果・能力・意欲（態度）を評価し、昇進・昇格・昇給の判定につなげることも人事評価の大切な目的です。頑張った人が正しく評価されることが、組織の健全性を保ち組織の活力を確かなものにします。

頑張った人には三つの意味が込められていることに注意が必要です。

成果を上げた人、能力を発揮した人、努力した人、いずれも頑張った人です。また、若手は、すぐには成果を上げられないため、プロセスを見て評価する必要あります。一方でベテランは、結果だけを見ることが必要です。結果を出していないベテランにプロセスを評価しようとすると彼らのプライドを傷つけマイナス効果を生みます。

管理者にとっての人事評価の目的

人事評価の目的は、組織全体の視点から捉えるだけでは十分ではありません。人事評価を実際に行う管理者は、組織の一評価者であると同時に、それぞれ部門やチームをマネジメントする立場にもあります。マネジメントの成否を問うための視点が人事評価に求められるのです。

管理者にとっての人事評価の目的は次の四つです。

①職場マネジメントの自己評価
②能力開発の支援
③仕事の役割付与の判断材料の収集

④仕事への動機づけ

①職場マネジメントの自己評価

管理者自らの職場マネジメントが正しく実践されているか否かの判断が人事評価を通じて可能となります。この職場マネジメントの自己評価が人事評価をする管理者の姿勢に真摯《しんし》さをもたらします。部下への評価は、そのまま期間内の部下へのマネジメントを自己評価することでもあるわけです。

②能力開発の支援

部下の強みを伸ばし、部下の課題を明確化して取り組ませることで、能力開発とキャリア形成をサポートできます。そのために部下の強みを把握することが大切です。部下の強みを知るには、実験的にいろいろな経験をさせて観察します。意外な場面で強みを見せてくれることがあります。また、以前、所属していた部門長に話を聞くのも強みの把握に役立ちます。

③仕事の役割付与の判断材料の収集

人事評価を通じて、部下の能力・仕事への姿勢・成果を総合的に把握することで、部下に適切な仕事や役割を与えられます。全体評価に先立って、個別の評価項目ごとに部下の仕事ぶりをしっかり見ることで、普段見逃していた部下の仕事上の個性が見えてきます。部下への役割付与のためには人事評価はまたとない援軍になります。ドラッカーは、適切な役割付与を「所（ところ）を得る」と表現し、その重要性を指摘しています。

④仕事への動機づけ

上司が人事評価を通じて部下である自分のことを理解していると思えると強い動機づけにつながります。人は自分のことをわかっていてくれている人のためには、理屈を超えて尽くそうとします。また、誠実な人事評価への姿勢が部下からの信頼獲得にもつながります。

部下が信頼を寄せる上司の共通点とは、
1. 常に上司として一貫している（わかりやすい）
2. うそをつかない（裏表がない）
3. 人を大事にする（個性を尊重する）
4. 常に結果を出し続けている（仕事ができる）
の四つであり、**1から3までができていても、4ができていないと信頼獲得はできません。**ただのいい人で終わってしまうだけです。部下は、結果の伴わない上司をいつまでも上司として認め続けることはありません。

人事評価の基本ルール

人事評価という行為は測定ではなく判定です。
例えば、走り幅跳びの記録を測定するというより、ボクシングのジャッジによる判定に近い行為といえます。判定には客観性が求められますが、厳密には完全な客観性の実現は不可能です。人間が行う判定行為には、必ず主観が入ります。**従って、評価基準をいかに精緻化しようと、判定には主観的な解釈が入ることを前提に、その主観性をいかに小さくするかが、人事評価の信頼性を決定づけます。**

人事評価の信頼性を確保するための基本的なルールが次の七つです。

①期待する内容・基準を事前に示す
②評価対象として職務遂行における事実を正確に把握する
③職務活動に限定して評価する
④会社が定めた基準に基づいて評価する
⑤評価は項目ごとに分析評価を行った上で全体評価を行う
⑥一次評価は絶対評価、二次評価は相対評価を基本とする
⑦評価要素・評価項目ごとに被評価者全員の評価を行う

それぞれの基本的なルールについて説明していきましょう。

①期待する内容・基準を事前に示す

事前に上司が期待していることを部下に示すことで、被評価者としての部下の納得性を高めます。ここでいう期待とは、部下が目指すべきゴールを意味します。その期待に部下が合意していることが大切です。部下が目指すべきゴールは、ノルマではなく期待として示すことが重要です。

②評価対象として職務遂行における事実を正確に把握する

評価対象としての職務遂行を正しく把握するためには、普段から部下観察をしっかりと行い、それを記録しておくことが大切です。できれば、部下一人ひとりに部下観察ノートをつくっておくことが望ましいです。この上司の普段の地道な活動が公正な評価につながります。

③職務活動に限定して評価する

人事評価においては、印象評価や人物評価は避けることが大切です。あくまでも評価する対象は職務活動に限定すべきであり、私的な事柄や単なるうわさ話など、事実確認をしていないものを評価の材料にはしないことが重要です。

④会社が定めた基準に基づいて評価する

人事評価シートもしくは自己目標管理シートの項目を丹念に読み込み、会社が定めた評価基準を正しく理解した上での人事評価が重要です。個人的な評価基準の持ち込みは人事評価の客観性を著しく害すると肝に銘じてください。

⑤評価は項目ごとに分析評価を行った上で全体評価を行う

評価の順番は、必ず評価項目ごとに分析評価を行った上で、全体評価を行うのが鉄則です。反対に全体評価を踏まえて分析評価を行うことは、バランスの取れた正しい評価につながらず評価者エラーにつながります。人事評価は、常に、「木を見て森を見る」という姿勢が基本です。

⑥一次評価は絶対評価、二次評価は相対評価を基本とする

一次評価は評価基準に照らして評価する絶対評価で行い、二次評価は被評価者の優劣をつけながら序列化する相対評価で行うのが人事評価の基本です。三次評価まであるときは、二次評価まで絶対評価で行い、三次評価を相対評価で行います。企業組織である以上、人件費の原資には限界があり、最終調整としての相対評価は避けられませんが、評価ベースは絶対評価に基づくのが重要です。

⑦評価要素・評価項目ごとに被評価者全員の評価を行う

人事評価は一人ずつ評価を完了させて次に進むというやり方は、必ず偏り（バイアス）を生むので、評価要素・評価項目ごとに部下全員の評価を行うのが鉄則です。人事評価者の心理的安定が長く続かないからです。

Aさんが終わってからBさんではなく、同じ評価項目について部下全員の評価を行ってから次の評価項目に移るというやり方を厳守すべきです。評価者研修を実施すると、ほとんどの管理者がこのルールは知らなかったと言います。しかし、とても大切な基本ルールです。

人事評価者としての心構え

人事評価を担う者としての心構えを認識しておくことは、人事評価の精度を上げてブラッシュアップしていく上でとても大切です。正しい（誠実な）心構えを持ちながら人事評価を行うことにより、人事評価者が人として成熟します。

人事評価者としての心構えのポイントを解説します。

①評価するということは評価されることという謙虚さを持つ
②人事評価を行うときは心の安定を心掛ける
③人間理解について幅広い学習を続ける
④初めて人事評価を行ったときの初心を忘れない

①評価するということは評価されることという謙虚さを持つ

評価する側は同時に評価の対象者から評価されているのです。部下はあなたの人事評価者ぶりを見ています。人事評価者は被評価者である部下の人格を尊重し、部下から好かれようとするのではなく信頼を得られるよう、誠実で偏りのない人事評価が求められます。

②人事評価を行うときは心の安定を心掛ける

人事評価は被評価者の人生を大きく左右する影響力を持ちます。人事評価者は、この影響力を重く受け止めて、常に平常心で人事評価を行う心構えが大切です。人事評価を行う場所も含め、落ち着ける状態をつくって行う必要があります。心の安定には瞑想（呼吸に意識を向ける）も有効です。目を閉じて自分の呼吸に意識を向けることで、自然に心が落ち着いてきます。

③人間理解について幅広い学習を続ける

人事評価者には、人間の行動から、その本質を洞察する力が求められます。そのため洞察力を養う学習が欠かせません。特に人間の本質に深く迫っている古典や文豪といわれる人たちの文学作品や名監督と呼ばれた人たちが手掛けた優れた映画作品にふれることは人間理解の学習につながります。

④初めて人事評価を行ったときの初心を忘れない

既に何度か人事評価を経験している人は、慣れることで緊張が取れて油断が生じることがあります。人事評価者は、初めて人事評価を行ったときの緊張とプレッシャーを忘れずに謙虚に誠実に人事評価と向き合うことが大切です。人事評価に慣れは禁物です。いつも初めて人事評価を行うような新鮮な気持ちで、大切な部下一人ひとりの評価に向き合う姿勢が求められます。

人事評価における留意点

人事評価者も人間ですから評価のクセがあります。どんなに優秀な人事評価者であっても評価のクセに陥ってしまい、正しい評価ができない場合があります。そのような事態を避けるためには、自分自身の評価のクセを知り、陥りやすい人事評価の間違いの理解が重要です。人事評価の間違いを「評価者エラー」と呼びます。評価者エラーの対策としては、部下観察（部下をよく見て理解する、部下の仕事を見て理解する）をしっかりと行うことです。そして、その記録の保管が大切です。

多くの人事評価者と接してきて、次にあげる評価者エラーが評価のクセとして比較的多く見受けられます。

・印象に引きずられて評価してしまう（ハロー効果）
・過去の優れた成績をあとあとまで評価の根拠にしてしまう（ハロー効果）
・対立を避けてついつい甘めの評価をしてしまう（寛大化傾向）
・よく部下を把握していないために何でも平均値的な評価にしてしまう（中心化傾向）

それでは、代表的な評価者エラーを六つあげて説明します。

■ハロー効果（後光効果）

一部の特性が優れていることに強い印象を受けて、他の特性も高評価してしまう評価者エラーです。これを避けるためには、人を見るのではなく仕事ぶりを見ること、主観や印象、イメージを排除すること、そして、評価項目ごとに評価することが決め手となります。

■寛大化傾向

事実に反してプラスの甘い評価をする評価者エラーです。これを避けるためには、具体的事実に基づいて評価することと、評価基準から絶対評価を断行することがポイントです。寛大化傾向の逆が「厳格化傾向」です。

■中心化傾向

普通・標準といった当たりさわりのない評価をする評価者エラーです。これを避けるためには、部下観察をしっかりと行うことと、評価の内容をしっかりと読み込み評価基準を十分理解することがポイントです。中心化傾向の逆が「極端化傾向」です。

■対比誤差

自分自身と比較し厳しく評価したり、逆に自分の苦手分野を甘く評価する評価者エラーです。これを避けるためには、部下と自分は全く異なる人間であるという本質的理解を持つことと、部下への期待の明確化がポイントです。

■**論理的誤差**

事実を確認せず理屈で考え論理的推論で評価する評価者エラーです。これを避けるためには、各評価項目はそれぞれ独立していることを深く認識することと、頭の中だけで評価しようとしないことがポイントです。

■**直近誤差**

直近の行動や結果だけで評価する評価者エラーです。これを避けるためには、普段からしっかりと観察記録をつけておくことがポイントです。

業績（成果）評価のポイント

業績（成果）評価とは、職務活動の取り組みによる成果という事実を評価するものです。通常は期首に上司と部下との間で決めた目標を6カ月、1年といった期間中にどの程度達成できたかの評価を行います。

業績（成果）評価のポイントは、次の五つです。

①検証可能な目標の設定
②目標への合意形成
③目標への進捗管理
④目標の達成度のＱＣＤ評価
⑤目標以外の成果の評価

①検証可能な目標の設定

目標は達成状態が検証できる目標であることが大切です。また、具体的であることも重要です。数値化できる目標だけに限定するのではなく、数値化できない目標も必ず取り入れ、状態目標やスケジュール目標として設定することがバランスの取れた目標設定につながります。

②目標への合意形成

期首において、目標をブレークダウン（落とし込み）していく過程で、上司と部下の間に率直で建設的なコミュニケーションを取ることは不可欠です。目標設定場面では、心からの合意形成が大切となります。そのためには、部下の自発性と主体性に基づく目標、すなわち部下自らが決めた目標でなければなりません。心からの合意形成がないと成果も納得感も得られず、目標がノルマに転落し、動機づけ効果が失われます。

③目標への進捗管理

期首の目標設定時に率直で建設的なコミュニケーションが求められると同時に、期中においても継続して同様のコミュニケーションが求められます。目標達成に向けた話し合いの機会を定期的につくり、部下との間で仕事のクオリティのレベルについての確認・共有が重要です。これが部下のやる気の促進につながります。期末までの放任は、評価への信頼を失い、部下のやる気もダウンします。目標達成のプロセスの中での上司のサポートは部下からの信頼に必ずつながります。

④目標の達成度のQCD評価

目標の達成度は、Quality（クオリティ：品質）・Cost（コスト：費用）・Delivery（デリバリー：納期）の三つの視点から必ず評価することが大切です。Q・C・Dすべての視点からの評価によって、部下からの納得感も得られやすくなります。また、部下は上司が自分自身の仕事ぶりをよく見てくれているという信頼感を持つようにもなるのです。

⑤目標以外の成果の評価

業績（成果）評価は、基本的には期首に設定された目標の達成度を評価するものです。しかし、目標達成過程において想定外の成果が部下から生み出されることもよくあります。この想定外の成果、つまり、期首の目標設定の領域外の成果についても、組織への貢献度に見合う評価をするべきです。この評価を怠ると、部下の創造的な活動や新たなことへのチャレンジスピリッツが阻害されかねません。ただし、将来の貢献の可能性までは評価の対象にするべきではありません。

能力評価のポイント

能力評価とは、企業が定めた資格等級要件書に照らして、求められている能力を身につけているかどうかを評価するものです。

通常、能力評価は、成果につながったプロセスを分析することで、保有能力ではなく発揮能力を評価対象とします。その結果、能力評価は業績評価と強い相関関係があることがわかり、ともするとイコールと考えがちです。しかし、能力評価と業績評価の間には、外部環境（市場の変化や自然環境の変化）や内部環境（上司や同僚からのサポート）、さらには本人条件（健康状態やモチベーション）などの「中間項」といわれる要素が作用するため、慎重な判断が必要です。能力評価をする場合、上司の強力なサポートもあって優れた業績を上げたときには、業績は結果オーライでそのまま評価して構いませんが、能力評価については上司のサポートの度合いを差し引いて評価することが必要です。業績評価の下方修正はあり得ませんが、能力評価を下方修正する必要がある場合はあり得ます。

能力評価のポイントは、次の五つです。

①能力評価基準を部下の課題に翻訳して伝える
②能力評価基準を期待として伝える
③日常の観察記録を通して判断材料の収集を行う
④日常の報告・連絡・相談・確認から判断材料を収集する
⑤行動の再現性を見極める

①能力評価基準を部下の課題に翻訳して伝える

期待する内容・水準を事前に示すことが大切です。能力評価基準を部下一人ひとりに合わせて、それぞれの課題認識につながるよう翻訳して伝えることが極めて重要です。課題として、上司と部下が共有することが能力評価の納得性を高めます。

②能力評価基準を期待として伝える

人事評価においても自己目標管理の目標設定場面においても、可能な限り「要求」という言葉を使わず、「期待」という言葉を使うことが大切です。能力評価基準を期待として伝えることが部下の成長意欲にプラスの影響を与えます。「要求」という言葉は相手にプレッシャーを与えネガティブな反応を引き出しますが、「期待」という言葉は相手への勇気づけとなり、それに応えたいというポジティブな反応を引き出します。心理学では自己成就的予言と呼ばれていますが、期待を言葉にして伝えると、部下は期待に応えようと予言に沿う行動を取るようになります。

③日常の観察記録を通して判断材料の収集を行う

能力評価は部下の行動を具体的に知らなければ的確な評価はできません。従って、評価期間中の部下の行動をしっかりと観察して記録し、どのような能力が発揮されたのかを具体的な事実に基づいて判断することが大切です。

④日常の報告・連絡・相談・確認から判断材料を収集する

日常観察からの判断材料を補完するのが報告・連絡・相談・確認からの材料収集です。報告・連絡・相談・確認の場面で的確な質問を心掛け、部下がどう能力を発揮したのかを聞き出すスキルが必要です。

⑤行動の再現性を見極める

能力は行動を通して評価するのが鉄則です。さらに行動は一度限りのものではなく、再現性のあるものであること、つまり、繰り返し行われると認められて初めて能力として評価できます。「たまたまできた」ではなく、「いつでもできる」ことが能力なのです。

情意（態度・姿勢）評価のポイント

情意評価とは、職務を遂行するプロセスにおいてどのような意欲・行動・取り組み姿勢であったかを評価するものです。上司から見た部下の組織メンバーとしての勤務態度を評価することから、態度評価や姿勢評価とも呼ばれています。

情意評価のポイントは、次の五つです。

①情意評価におけるS評価（最高レベルの評価）は避ける
②規律性と責任性は情意評価の基本要素に据える

③協調性と積極性は上位の要素と位置づける
④協調性のキーワードは守備範囲外
⑤積極性の評価はハロー効果に注意する

①情意評価におけるS評価（最高レベルの評価）は避ける

情意評価の項目は、組織人としての基本を示すものが多いため、どんなに模範的であったとしても、本来できて当たり前の項目なので、ことさら高い評価をつけることは必要ない項目です。従って、S評価のひとつ下のA評価を上限とし、S評価を避けることが望ましいです。

②規律性と責任性は情意評価の基本要素に据える

企業が組織として健全に機能するためには、組織メンバー一人ひとりの規律性と責任性が不可欠です。各自が社内の規律やルールを順守し、与えられた仕事に責任感をもって取り組まないと組織はあっという間に崩壊します。この二つが、組織を維持するための最もベーシックな情意項目となります。

③協調性と積極性は上位の要素と位置づける

組織を健全に機能させる基本要素が規律性と責任性であるとすれば、組織を成長・発展させる上位要素が協調性・積極性です。そう考えると基本となる規律性と責任性が認められない人に対して、協調性と積極性を認めることはナンセンスです。基本ができずに応用はあり得ないということです。

④協調性のキーワードは守備範囲外

協調性を見極めるポイントは守備範囲外の行動が取れるか否かです。一方、責任性を見極めるポイントは守備範囲内の行動であり、個々人の職務に求められる責任です。

⑤積極性の評価はハロー効果に注意する

情意評価の項目の中で積極性ほどハロー効果を生みやすい評価項目はありません。

積極性に高い評価を与えると、反射的に能力評価の項目が高評価になりがちです。仕事の取り組み姿勢としての積極性をどんな具体的事実に基づいて判断するのか慎重な見極めが大切です。

人事評価におけるフィードバック

人事評価を通じて部下に今後の課題を自覚させ前向きに取り組めるようにすることが管理者には求められます。そのための重要な働きかけがフィードバックです。フィードバックは上司が部下に対して人事評価に限定されることなく、日常的に行われるものです。人事評価におけるフィードバックは単なる査定の結果説明になってしまう危険があり工夫が必要です。

フィードバックのポイントは、次の四つです。

①フィードバックは承認と期待が基本
②フィードバック後にアドバイス
③フィードバック面談の基本を押さえる
④フィードバック面談では部下の人間性にも踏み込む

①フィードバックは承認と期待が基本

人事評価の評価結果を伝えるフィードバックは、やり方によっては大きな動機づけ効果をもたらします。動機づけ効果を生み出す最大のポイントはフィードバックの際に「承認」と「期待」に重きを置くことです。部下への動機づけのためのアプローチは次のようなものがあります。

・部下の仕事に意味づけをする
・部下の仕事に見通しを与える
・部下に成功体験を積ませる

・部下の仕事の出来栄えを承認する
・部下に期待をかける
・部下に裁量権を与える
・部下に責任あるポジションを与える

承認と期待を込めたフィードバックは、大きな動機づけ効果が見込まれます。

②フィードバック後にアドバイス

フィードバックとアドバイスは異なるものです。フィードバックは上司が見て感じたことをそのまま部下に返すという情報提示の意味が含まれています。一方、アドバイスは助言・忠告などの指導や教育の意味が含まれています。先にフィードバックがなされ、情報の共有の上でアドバイスがなされることが効果的です。アドバイスが先だと受け入れてもらえる確率が著しく低くなります。

③フィードバック面談の基本を押さえる

人事評価の結果について部下に伝えるフィードバック面談は人事評価の目的実現の上では避けて通れません。フィードバック面談がどう行われるかが部下の納得と信頼を決めます。つまりフィードバック面談こそ管理者に求められる重要なスキルなのです。

④フィードバック面談では部下の人間性にも踏み込む

人事評価において人物評価は基本厳禁です。しかし、フィードバック面談においては部下の人間性の優れた点にも踏み込みます。踏み込むことで部下との間に深い信頼関係を築くきっかけになるからです。また、評価項目から離れて部下の適性や人柄を視野に入れたフィードバックが部下の人間的な成長のあと押しへとつながります。

フィードバック面談のポイント

評価期間の期末に、上司と部下が人事評価の結果を共有する重要な場面がフィードバック面談です。自己目標管理においても結果の評価について上司と部下とで共有化を図る重要な場面です。このフィードバック面談をいかに効果的に進めていくかが管理者に問われます。従って、そのための基本的なスキルを得ておくことは極めて重要です。

フィードバック面談のポイントは、次の八つです。

①事前準備を怠らない
②場づくりに配慮する

③雰囲気づくりにも工夫する
④部下の自己評価を優先して聞く
⑤評価結果の伝え方の順番に注意する
⑥伝えるときのスタンスは承認と期待
⑦会社の方向性や経営理念の意識づけをする
⑧エンディングで新たな経験の提供とサポートの継続を約束する

①事前準備を怠らない

フィードバック面談の事前準備として、目標設定シートあるいは自己目標管理シートのチェックに加え、普段からの部下観察記録をしっかりと見直し、これまでに部下から提出された改善提案書や企画提案書を再度読み込むことが大切です。

②場づくりに配慮する

フィードバック面談を行う場所にも十分な配慮が必要です。面談の実施場所は職場から離れた会議室などの個室を用意して面談のやりとりが周囲からわからないようにします。この場づくりを軽視すると部下は上司が自分のことを尊重してくれていないと感じ、フィードバック面談に対してネガティブな気持ちを最初から持ってしまいます。

③雰囲気づくりにも工夫する

フィードバック面談では極力くつろいだ雰囲気をつくり部下の緊張をほぐし、ねぎらいの言葉をかけて友好的なスタートを切ることを心掛けます。これによって面談がより建設的なものになっていきます。

④部下の自己評価を優先して聞く

フィードバック面談の主役は上司ではなく、あくまで部下です。従って、まず、部下自らが評価した内容についてしっかりと説明してもらいます。上司はただ聞くだけでなく、質問によって部下に内省を促すことが重要です。例えば、運転席に座っている部下のナビゲーター役を助手席に座っている上司がするイメージです。部下自らの評価の内容を深く見つめ直すためのナビゲーター役に上司がなります。この場面ではコーチングのスキルが有効です。

⑤評価結果の伝え方の順番に注意する

上司が評価結果を伝えるときの順番はとても重要です。全体評価から個別の評価、よかった点から問題点、部下自らの自己評価と一致している点から不一致点への順番。この順番で評価結果を伝えます。この順番を守ることで、部下は評価結果を前向きかつ肯定的に受け止められます。

⑥伝えるときのスタンスは承認と期待

評価結果の伝え方のスタンスは、これまでの仕事への取り組みや組織への貢献について具体的な事柄をあげて承認し、その上で明らかになった能力開発課題に取り組むことで、部下のさらなる成長と飛躍を期待するという態度を貫きます。このスタンスがフィードバック面談を未来志向にします。

⑦会社の方向性や経営理念の意識づけをする

人事評価の重要な目的である経営理念の浸透をフィードバック面談場面でも心掛けます。面談では、部下は普段以上に真剣に受け止められる心理状態にあります。この機会を捉えて会社の方向性や経営理念について再認識させることが重要です。

⑧エンディングで新たな経験の提供とサポートの継続を約束する

フィードバック面談のエンディングは必ず成長のための新たな経験の機会を約束します。そして、今後も変わらず成長のための強力なサポートをすることも約束して締めくくるのです。できれば、フィードバック面談のエンディングは評価結果の内容にかかわらず互いに握手して感動のうちに終了する「熱血感動物語」のエンディングとする工夫が次への建設的な展開につながります。

人事評価からの職場マネジメント理解

人事評価は管理者の重要な仕事の一つです。そして、管理者自身の職場マネジメントの成果を自己評価するものでもあります。職場マネジメントがしっかりできていれば、おのずから部下のスキルはレベルアップし、総体的に部下評価も高い水準で推移するのが自然な流れといえます。この点を踏まえ、管理者は人事評価を通じて自らの職場マネジメントがどうあるのかを省みることがとても大切です。

人事評価からの職場マネジメント理解についてのポイントは、次の四つです。

①優れたマネジメントが人事評価の前提条件
②部下の強みを成果につなげることが職場マネジメントの基本

③ミッションとビジョンの構築と共有が管理者の責務
④管理者の自己評価が評価能力を高める最重要ポイント

①優れたマネジメントが人事評価の前提条件

管理者の職場マネジメントの一環として人事評価があります。従って、優れたマネジメントがなされてこそ、正しい人事評価が実現されます。逆に言えば、マネジメントが不適切あるいは不十分な中での人事評価は部下の不信感を増長させるだけです。優れたマネジメントこそが人事評価の前提条件です。

②部下の強みを成果につなげることが職場マネジメントの基本

ドラッカーは「マネジメントとは一人ひとりの強みを組織の成果につなげること」であると明快に述べています。管理者は部下それぞれの強みを把握し、職場の成果につなげることが求められるわけです。

③ミッションとビジョンの構築と共有が管理者の責務

企業のトップマネジメントの重要な仕事にミッションとビジョンの構築と共有化があります。それにより社員の意識を同じ方向に向かわせ、組織全体のベクトルを同一方向にまとめられます。各職場単位においても同じことです。管理者は自部門・自職場のミッションとビジョンを構築してメンバーと共有することが求められます。

④管理者の自己評価が評価能力を高める最重要ポイント

管理者は自らの職場マネジメントについて振り返り、自己評価することが非常に重要です。自らのありようについて振り返り内省することがマネジメント上の課題を明らかにし、それに取り組むことが管理者のマネジメント力向上につながるからです。自らのマネジメント力向上は部下理解の洗練・向上につながり、結果として部下評価力の洗練・向上にもつながります。フィードバックは部下にとっても管理者自身にとっても成長のキーワードです。そして、内省を忘れない上司は、部下から尊敬と信頼を得て、より成長力のある職場をつくりあげられるのです。

人事評価の基本の振り返り

- 人事評価の目的
- 管理者にとっての人事評価の目的
- 人事評価の基本ルール
- 人事評価者としての心構え
- 人事評価における留意点
- 業績（成果）評価のポイント
- 能力評価のポイント
- 情意（態度・姿勢）評価のポイント
- 人事評価におけるフィードバック
- フィードバック面談のポイント
- 人事評価からの職場マネジメント理解

自己目標管理全社導入の流れ（基本的モデル）

1. トップの危機意識に基づく覚悟の決断
2. 外部の専門家を招いての
幹部社員対象の自己目標管理セミナーの実施
3. トップマネジメント・チームによる事業の再定義
4. 経営理念（ミッション・ビジョン・バリュー）の再構築
5. 求める人材像の明確化
（10年後のビジョン実現を担える人材）
6. 評価制度の再構築（評価項目の見直しと簡素化）
7. 自己目標管理シートの作成
8. 全社導入のための階層別説明会の実施
9. 全社導入もしくは段階的全社導入

※2～6までのステップについては、講師役並びにファシリテーター役として、ドラッカー理論に精通し、優れたファシリテーションスキルをもつ、経験豊富な組織開発コンサルタントを起用することをおすすめします。

第4章

セルフマネジメントの基本

セルフマネジメントの理解

自己目標管理の本質は自己管理、つまりセルフコントロールにあるとドラッカーは言いました。**セルフコントロールによって、支配のマネジメントからセルフマネジメントへの移行が可能になるとも述べています。**自己目標管理の文脈の中で語られるセルフコントロールとは、実はドラッカーの言うセルフマネジメントと同意語として受け止めても問題ないのではないかと感じます。

そこで、自己目標管理の説明の締めくくりとして、ドラッカーのセルフマネジメント論について概説します。自己目標管理で語られたセルフコントロールの本質的理解の一助になればと思います。

ドラッカーは、常々マネジメントの本質と出発点は、自分自身のマネジメントにあると語っています。まず、自分のマネジメント。次に、上司のマネジメント。そして部下のマネジメントだとも言っていました。弱みは笑い飛ばし、強みにだけ目を向け、ひたすらセルフマネジメントを磨き上げていったドラッカーの人生はセルフマネジメントの実践そのものだったように感じます。

また、ドラッカーは、情報化社会と組織社会の進展によって知識労働者という新しいタイプの働き手が時代の主役となると説いています。彼らの共通のテーマこそがセルフマネジメントであると断じています。そして、時代は急ぎ足で進み続け、今や働く人の多くが知識労働者のカテゴリーに入る働き方をしています。セルフマネジメントはすべての人々の共通のテーマとなりました。

あらゆる人々に求められるセルフマネジメントについて、ドラッカーは著作を通して丁寧に、わかりやすく、愛情深く教えてくれています。現代を生きるわれわれすべてに対するドラッカーからの贈り物（ギフト）ともいえるセルフマネジメントのエッセンスを、次ページから詳しく紹介します。

セルフマネジメントの実践

ドラッカーは、知識労働者を含めた現代人は自らをマネジメントしなければならない時代となったと断じます。自らを最も貢献できるところに位置づけ、常に成長していかなければならない。50年を超える働く期間を常に若々しく、生き生きと働かなければならない。そして、「自らが行うべきこと、そのやり方、その時間をどう変えるかを知らなければならない」とも述べています。そのような問題意識の行きつく先がセルフマネジメントであるとドラッカーは言います。

自分自身をマネジメントする方法は、次の五つです。

①自分の「強み」を知る

②自分の「仕事のスタイル」を知る
③自分の「価値観」を知る
④自分の「あるべき場所」を知る
⑤自分の「なすべき貢献」を知る

①自分の「強み」を知る

ドラッカーは、自分自身の強みを知ることがセルフマネジメントの出発点になると言います。「自分の『強み』を知る」最も効果的な方法として「フィードバック分析」という手法を紹介しています。やるべきことを決めて取り組み始めたら、自分が自分自身に期待する成果をあらかじめ具体的に書き留めるのです。9カ月後か1年後に実際の成果と期待した内容との比較により、自分の得意分野や方法がよくわかると言います。

また自分の周囲の人々(例えば、職場の上司や同僚、あるいは両親やきょうだいなど)に、自分の強みは何かと尋ねるのもよい方法だとドラッカーは言います。この方法は自己の強みを発見する最も簡単な方法かもしれません。周囲の人々は意外と冷静に自分自身のことを見てくれているものです。

これらの方法で明らかになった自分の強みを生かすには、「強みに集中すること」「強みをさらに伸ばす努力をすること」「慢心に注意して学び続けること」「苦手な領域には手を出さないこと」「並以下の能力の向上に時間を使わないこと」の五つの実践が大切だとドラッカーは教えています。

②自分の「仕事のスタイル」を知る

自分自身をマネジメントするために、強みを知ることの次に取り組むのは自分の「仕事のスタイル」を知ることだとドラッカーは言います。自分の強みと同様に、仕事のスタイルも人それぞれ違います。それは個性であり、仕事に就くはるか前から形成されます。

最初に知るべき仕事のスタイルは「自分は読んで理解する人間か、聞いて理解する人間か」です。もう一つ知っておくべき仕事のスタイルは学び方です。学び方も人それぞれです。書いて学ぶ人、行動することで学ぶ人、教えることで学ぶ人……。自分の学び方について正しい知識を持っておくのは理解の仕方を知るのと同様に重要です。自分なりの仕事のスタイルを見つけて磨き続けることによって、自分をマネジメントすることが可能になります。

③自分の「価値観」を知る

自分自身をマネジメントするためには、自分は何に価値を見いだすかを知っておく必要があるとドラッカーは言います。自分が大切にする価値観と組織の価値観が一致しなくても、重なる部分があるかどうかが大切です。もし、組織の価値観と自分の価値観が重ならないと働く者にとっては仕事は苦痛となり、成果にもつながらないでしょう。強みと求められる仕事のスタイルが合わないという状況はまれですが、強みと価値観が重ならないという状況はありがちです。そのような葛藤状況に陥ったときは、「強み」よりも「価値観」を優先すべきだとドラッカーは教えています。

④自分の「あるべき場所」を知る

自分をマネジメントするために、自分のあるべき場所、自分の適所について知っておくことも大切です。自分の強みを知り、自分の仕事のスタイルを知り、自分の価値観も知ると、自分のあるべき場所や自分に適した職場環境がわかってきます。例えば、大きな組織の方が力を発揮できる人、小さな組織の方が向いている人、誰かとチームを組んで仕事をする方がいい人、一人で仕事をする方がいい人、ナンバーワンとしてリーダーシップを発揮する方がいい人、ナンバー2としてリーダーを補佐する方がいい人など、さまざまです。自分にふさわしい場所や職場環境について知ることは、自分のキャリア形成を考える上でも重要です。ドラッカーは「自分にふさわしくない場所からどんなに好条件でオファーが来ても断るべきだ」と述べています。

⑤自分の「なすべき貢献」を知る

自分自身をマネジメントするには、「なすべき貢献は何か」について自問自答することが重要だとドラッカーは言います。自分自身が果たすべき貢献を考えることは、知識の段階から行動の段階の起点になるとも言います。そして、重要なのは何に貢献したいと思うかではなく、何に貢献せよと言われたかでもなく、何に貢献すべきかであると説いています。この問いに答えを出すには、「状況が何を求めているか」「自分自身の強み、仕事のスタイル、価値観からいかにして最大の貢献をなし得るか」「組織や社会を変えるために、いかなる成果を具体的にあげるべきか」という三つを考える必要があると言います。

ここで解説したセルフマネジメントの①から⑤を知ることで、自分自身のマネジメントが容易になるとドラッカーは教えています。

マネジメントの哲学といえる自己目標管理を深く理解する上で、特に目標設定場面ではセルフマネジメントの考え方は多大なる助けになるものと確信します。

セルフマネジメントの振り返り

- **●自分の「強み」を知る**
（フィードバック分析の実践と周囲からの
フィードバック）

- **●自分の「仕事のスタイル」を知る**
（読んで理解する人か、聞いて理解する人か、
学び方のスタイルは？）

- **●自分の「価値観」を知る**
（強みよりも価値観を優先させる）

- **●自分の「あるべき場所」を知る**
（自分に適した職場環境を見極める）

- **●自分の「なすべき貢献」を知る**
（したい貢献ではなく、なすべき貢献）

第5章

自己目標管理が生まれるまで

下地となった家庭環境

第5章では、ドラッカーがマネジメントの哲学とまで言いきった自己目標管理のアイデアが、どのようにして生まれたのかをたどりたいと思います。それが、自己目標管理の考え方をより正しく深く理解するのに非常に役立つからです。そして、ドラッカーの生涯における数々の出会いが、自己目標管理のアイデア形成に大きな意味をもっていたかを認識することにもなるでしょう。

まず、ドラッカーの家庭環境にスポットを当ててみます。ドラッカーは、オーストリアの高級官僚（日本でいえば、財務省の官僚トップである財務次官）の父と当時オーストリアでは珍しかった女性精神科医（開業することなく結婚）の母との間に生まれました。弟が一人いて、ウィーン大学医学部を卒業後に、アメリカで医師となりました。

非常に社交的だったドラッカーの父親は毎週のように自宅でパーティーを開き、ヨーロッパの各界で活躍する著名人を招いていました。官僚はもちろんのこと、政治家、小説家、脚本家、経済学者、舞台監督、舞台女優、医学者、哲学者など、多様な分野の超一流の知性が集まっていました。その中には、ノーベル文学賞受賞者の文豪トーマス・マンやノーベル経済学賞受賞者のフリードリヒ・ハイエク、イノベーションという概念を創出した世界的経済学者ヨーゼフ・シュンペーターなどもいました。

こうした世界を代表するような著名人と父親の話の輪に、当時小学生だったドラッカーは同席を許されていました。また、父親の友人が主催する同様のパーティーにも、父親は必ずドラッカーを同伴していました。こんなエピソードがあります。友人の主催するパーティーの帰り道、父親はドラッカーに「今日、おまえが握手してもらったおひげのおじさんはヨーロッパで一番偉い人だよ。今日の日を覚えておきなさい」と語りました。すかさずドラッカーは「オーストリア皇帝よりも偉いの?」と聞き返しました。父親は即座に「そうだよ」と答えたそうです。そのおひげのおじさんとは、精神分析学の父ジークムント・フロイトその人でした。

信じられないほど豊かな家庭環境の中で、ドラッカーは互いを尊重しながら学ぶことの大切さと目標をもって一つの分野を極める生き方を間接的に学んだものと思われます。この時代の経験と学びが、のちの自己目標管理の考え方の下地になったことは間違いないでしょう。少なくとも一つの分野で超一流を極めるには膨大な努力、それを支える目的・目標意識がなければ実現できないでしょう。ドラッカーは父親とのパーティーでの経験で知らないうちに学んでいたことは想像に難くありません。

自己目標管理を進めるとき、目標を持つ大切さを認識するという意味での目標意識は極めて重要です。この意識を持てることが、目標設定場面での積極性を促します。ドラッカーは、豊かな少年時代にそのことを漠然と理解したのだと思います。

エルザ先生との出会い

ドラッカーは子どもの頃から神童ぶりを発揮し、小学校は1年前倒しの飛び級で卒業しています。しかし、その優秀な成績からは想像がつかないほど、書く文字は読みにくい悪筆でした。このことをドラッカーの両親は「悪筆が息子の人生の可能性を狭めてしまう」と考えたのです。そこで、通っていた公立の小学校から、厳しい指導で有名な私立の小学校に4年に進級するタイミングでドラッカーを転校させました。

この転校が、のちの自己目標管理のアイデアのベースのひとつになったのです。新たな担任となった校長でもあるエルザ先生との出会いは、ドラッカーにとって目標をもって取り組むことの大切さを知るきっかけとなりました。しかし残念ながら、両親が期待した悪筆問題の解決には、エルザ先生は貢献できずじまいとなりました。ちなみに、ドラッカーの悪筆は生涯改善されることはなく、担当編集者泣かせの文字の読みにくさは出版業界の語り草です。

エルザ先生は、ドラッカーの神童ぶりをすぐに見抜き、その能力をさらに伸ばすために独特の指導をしました。ドラッカーに毎週1週間分の学習計画と学習目標を書かせたのです。そして、週末にその結果について自己評価させ、計画の実行に対する責任意識を身につけさせました。また、ドラッカーの文才にいち早く気づき、テーマはドラッカーに自由に決めさせた上で、週2本の作文を課しました。エルザ先生との出会いがなければ、文筆家ドラッカーの誕生はなかったのではないでしょうか。

このエルザ先生の指導方法こそ、のちの自己目標管理の考え方のベースとなったと感じます。**とりわけ、自ら目標を立て、結果についても自ら評価するという進め方は、まさに、自己目標管理の本質部分である自己管理そのものです。**また、毎回、作文のテーマを自分で決めさせる手法も自己目標管理の考え方につながると理解できます。ドラッカー自身も、エルザ先生は自己目標管理の先駆者だったと自伝の中で書いています。

小学校を1年飛び級で卒業後、ドラッカーは中高一貫教育のギムナジウムに進学しました。エルザ先生という素晴らしい教師を得て楽しかった小学校時代の反動からか、ギムナジウムの教師に対しては、ドラッカーはあまり魅力を感じませんでした。授業の多くがつまらなく、机の中に隠しながら歴史や文学の本を読んでいました。その結果、成績がガタ落ちとなり留年を心配されるほどでした。しかし、それでも大事な場面では、小学校時代のエルザ先生の学習帳を参考にして目標を立てて数週間取り組むと、学年末の試験は上位30%に入っていました。

すでにこのとき、ドラッカーは自己目標管理の実践者であったといえるかもしれません。

フリーグラー牧師の言葉

ギムナジウム1年生の宗教の授業で、講師のフリーグラー牧師からクラスの生徒全員に次の問いかけがなされました。

「自分の生きた人生を人々にどのように記憶されたいですか」

この問いかけに答えられた生徒は、ドラッカーを含め誰一人いませんでした。それを見たフリーグラー牧師は言いました。

「答えられると思って聞いたわけではありません。でも、50歳を過ぎても答えられなければ、人生を無駄に過ごしたことになりますよ」

このフリーグラー牧師の問いかけは、ドラッカーに大きな影響を与え、恐らくは大好きだった父親に、その日の出来事として語り伝えたのだと想像できます。

事実、父親はウィーン大学教授時代の教え子でもあったシュンペーターに何度か同じ問いかけをしています。シュンペーターが25歳のときには、「ヨーロッパ最高の馬とヨーロッパ最高の美人の愛人を持つ偉大な経済学者として記憶されたい」と答えていましたが、晩年は「インフレの危機を最初に指摘した経済学者であり、多くの優れた経済学者を育てたものとして記憶されたい」と答えています。

ドラッカーは、父親とシュンペーターの会話をそばで聞きながら、この問いかけに対する答えが成長とともに変化すること。そして、だからこそ生涯をかける問いかけだと確信します。このフリーグラー牧師の問いかけは、自己刷新の重要なツールになるとドラッカーは指摘しています。しかし、捉え方を変えると、目的・目標をもって生きることの大切さを教える問いかけでもあります。恐らくは、ドラッカーは、この問いかけの価値を深く認識し、自己目標管理の考え方を下支えする重要なものだと考えていたと思われます。

ドラッカー自身は、晩年にインタビュアーからこの問いかけを向けられたとき、「人々にとって意味あることを教えた人間として記憶されたかった」と答えています。

デモ行進での覚醒

ドラッカーがギムナジウムに入学して14歳になろうとするときに、デモ行進の名誉ある旗手を託されます。5年前に共和制が宣言されたことを毎年祝う恒例のデモ行進です。少年ドラッカーは、皆の注目の的となる旗手を託されてうれしくて舞い上がったと言います。革命の歌を歌いながらのデモ行進が始まり、デモへの参加者がどんどん増え、やがて大群となりました。ドラッカーの胸は高鳴りました。旗を持ちながらさっそうと先頭を歩くドラッカーの後ろを大勢の群れが続きます。ギムナジウム前から始まったデモ行進が市役所前広場に差しかかったとき、後ろからの圧力に押されたドラッカーは、昨夜の雨でできた水たまりの中を歩かされてしまいます。

その瞬間、ドラッカーは説明し難い違和感を覚えました。そして、後ろにいた女子医大生に旗を託してデモ行進から離脱し自宅に戻ったのです。あまりに早い帰宅を心配した母親は「具合でも悪いの」と尋ねました。その母の声掛けに、ドラッカーは「最高の気分だよ。僕のいるところではないってことがわかったんだから」と答えました。ドラッカーは、自分の立ち位置を傍観者と捉え、社会生態学者を名乗りました。自分は傍観者だと気づき覚醒した瞬間がデモ行進の離脱でした。

ドラッカーはこのデモ行進での体験から、自身のあり方についての思索を深めていきます。そして、常に物事を俯瞰しながら観察する傍観者としての生き方を選択していきます。その思索はさらに深まり、やがて社会生態学者としての自覚にたどり着きます。

デモ行進の体験は、自己目標管理のアイデアを生み出す上でも重要だったといえます。つまり、自ら歩む進路を自ら選択できないという不自由さが、いかに耐え難いものか。これをドラッカーはデモ行進での違和感を通じて知ったのでした。恐らくは、自己目標管理の本質となる自己管理の価値の重さを、ドラッカーはこの時点で心の痛みとともに気づいていたと思います。

ヴェルディの教訓

高校卒業後、ドラッカーは大学に進学せず貿易会社に就職します。ドラッカーの両親や親戚のほとんどは大学を卒業していて学者や判事などの社会的地位に就いています。ドラッカーが大学に進学しなかったことは周囲の大人たちにとっては驚きでした。ドラッカーはとにかく早く社会に出て自立したかったようです。しかし、高級官僚の父親は、ドラッカーの決断を歓迎しませんでした。それどころか、深い失望感とともにふさぎ込んでいました。

これには、ドラッカーもこたえたようで、父親のために働きながらの大学進学を決意してハンブルグ大学に入学します。しかし、授業には全く出席せず、学期末の試験だけ受けて進級するというありさまでした。仕事は朝7時30分から夕方4時まで。仕事後は、職場近くにあった有名な市立図書館に通いつめ、毎日、ドイツ語、英語、フランス語の本を読みあさっていました。そして、週1回は、近くのオペラ座でのオペラ鑑賞を習慣としていたのです。というのも、フランクフルトのオペラ座は、売れ残った安い席のチケットを学生に無料で提供していたからです。

ドラッカーは、このオペラ座の上演作品で、『ファルスタッフ』というヴェルディの作品に遭遇します。この作品は信じ難い力強さで人生の喜びを歌い上げるものです。ドラッカーは深い感動とともに圧倒されました。そして、この作品がヴェルディの最晩年（80歳）の作品であることを知って驚きます。当時のドラッカーの周囲に80歳まで生きた人は存在しませんでした。さらに高齢で全く新しいスタイルのオペラの曲を書くというチャレンジに彼は脱帽しかありませんでした。

このときの深い感動体験によって、ドラッカーは目的・目標とビジョンをもって生涯挑戦し続ける生き方を学びます。**オペラ座での感動体験が自己目標管理の考え方をより洗練させるベースになったことは間違いないでしょう。**

ドンブロウスキー編集長の教え

ドラッカーは貿易会社で見習社員として働きながら、ハンブルグ大学に籍だけ置き、図書館とオペラ通いを満喫していました。しかし、見習社員という身分には全く満足しておらず、フランクフルトにある米国系投資銀行を経て、有力夕刊紙のフランクフルター・ゲネラル・アンツァイガーに採用され、海外記事と経済記事の担当編集者になりました。この転職に合わせて、ハンブルグ大学からフランクフルト大学に転籍します。

ここで、ドラッカーはヨーロッパで既にその名を知られる名編集長ドンブロウスキーに出会います。ドラッカーはドンブロウスキーとの出会いをエルザ先生以来の偉大な教師との出会いとなったと語っています。指折りのリベラル派で鳴らしたドンブロウスキーの指導は徹底して厳しいものでした。

特に、ドンブロウスキーの部下指導は非常にユニークでした。年に2回、土曜の午後から翌日曜までの時間をかけて、半年間に書いた記事の総括会議を開いてドラッカーを含めた若い編集者の育成に力を注いだのです。ドンブロウスキーは、まず、それぞれの優れた仕事から取り上げ、次に、一生懸命やった仕事を取り上げ、その次に、一生懸命やらなかった仕事を取り上げ、最後に、お粗末な仕事や失敗した仕事を取り上げて痛烈に批判しました。その厳しい指摘を受けた者は、これからの半年間に「集中すべきことは何か」「改善すべきことは何か」「勉強すべきことは何か」についてドンブロウスキーと話し合いの時間を持ちました。

このドンブロウスキーの総括会議の進め方には、自己目標管理におけるフィードバック面談の考え方に極めて近い内容が含まれています。ドラッカーの自己目標管理の体系の洗練化に大きく貢献したはずです。また、ドンブロウスキーからフィードバックの大切さを学んだドラッカーは自分の1年の過ごし方の中にもフィードバックを取り入れました。そして、毎年夏に約2週間の自由な時間をつくり、それまでの1年間の自身の仕事を内省することを最晩年まで続けました。

シニアパートナーからの教訓

ドンブロウスキーの指導もあり、着実に力をつけたドラッカーは副編集長というポストを得ます。そして、卒業したフランクフルト大学で博士号を取得して非常勤講師として働くようにもなったのです。ドラッカーのクラスには、将来の妻となるドリスさんも学生として授業を受けていました。

しかし、ヒトラー率いるナチスが政権を奪取し、ドラッカーの事実上の初作品となる本がナチスによって発禁処分となってしまいます。さらに、出席していた教授会にナチスの幹部が乱入し、ユダヤ人教授の解任を命じます。さらには、かつての同僚がナチスに入党しユダヤ人のドラッカーの命を狙う動きを始めます。これは嫉妬心が原因といわれています。ドラッカーは危機をいち早く察知してドイツを脱出してイギリスのロンドンに命からがら移住します。

ロンドンでは、大手の保険会社で証券アナリストとして働き始めます。その後、1年ほどして、規模は小さいものの、急速に成長していた投資銀行に移ります。そこで、ドラッカーはエコノミストとして3人のシニアパートナー（共同経営者）の補佐役を務めます。一人は70歳代の創立者で、あとの二人は30歳代半ばの若いシニアパートナーでした。二人の若い上司は、ドラッカーの仕事ぶりを高く評価していましたが、創立者はなかなか評価してくれませんでした。

そして、3カ月ほどたったある日、ドラッカーは創立者の上司に呼びつけられて次の言葉を投げかけられました。「君が入社してきたときはあまり評価していなかったし、今もそれは変わらない。君は思っていたよりも、はるかに駄目だ。あきれるほどだ」。二人のシニアパートナーから高い評価を得て、毎日のように褒められていたドラッカーは、あっけにとられます。創立者は続けてこう言いました。「保険会社の証券アナリストとしては、よくやっていたことは聞いているよ。しかし、証券アナリストをやりたかったなら、そのまま保険会社にいればよかったじゃないか。今、君は補佐役だ。ところが君がやっているのは相変わらず証券アナリストの仕事だ。今の仕事で成果を上げるには、一体何をしなければならないと思っているのかね」

ドラッカーは頭に血が上ったものの、すぐにこのシニアパートナーの言うことが正しいことを認めざるを得ませんでした。それからドラッカーは、仕事の内容も仕事の考え方も一新したのです。この一件以来、新しい仕事に就くたびに、その仕事と自分の役割において期待されているものは何かを考えるようになったと言います。

失敗は成功のもとといいますが、成功は失敗のもとでもあります。優れた成果を上げて昇進した人々の多くが、その後、なかなか成果を上げられないのは、かつての成功パターンを繰り返そうとするからだとドラッカーは言います。さらにドラッカーは「昇進して新しい仕事に就いた人は、その仕事に、あるいはその役割に対して会社が期待しているものが何かを問うところから始めるべきだ」と教えています。

このドラッカーの失敗からの学びは、やがて、自己目標管理シートにおいて、「上司が期待すること」という記入欄と同僚からのヒアリングを通じて「今期担うべき役割」という記入欄を設ける必要があるという気づきにつながっています。まさに、ドラッカーも失敗から学んだ人でもありました。

生涯のテーマと自己目標管理

自己目標管理のアイデアの形成過程で大きく寄与したであろうエピソードを紹介してきました。本章の締めくくりとして、ドラッカーの生涯のテーマについて掘り下げながら、それが自己目標管理のアイデア形成において、どのような影響を与えたのか筆者独自の視点から考えてみたいと思います。

ドラッカーの生涯のテーマは、「自由で機能する社会の実現」でした。自由とは一人ひとりが社会への貢献という責任意識に基づきながら、自分の強みを発揮して自分らしく生きる選択が可能だということです。「機能する社会」とは、社会を構成する一人ひとりに、役割と居場所が与えられ、社会全体が成熟した民主主義社会に向けて進化し続けていることです。平たくいえば、「人々が幸せになれる社会の実現」です。

ドラッカーがこのような考えを持つに至ったのは、精神形成期を過ごしたドイツ時代にルーツがあります。ヒトラー率いるナチスが政権を奪取し、全体主義に基づく恐怖政治によって世界中を混乱と恐怖の渦に巻き込みました。これはドラッカーにとっても深い心の傷となったのです。ユダヤ人であるドラッカー自身も初作品をナチスによって発禁処分とされ、ナチスに入党したかつての同僚から命を狙われる経験もしています。

ドラッカーは充実した仕事ができた新聞社の副編集長のポストを手放し、イギリスへの移住、さらにはアメリカへの移住を決心しています。移住の原因はナチスの台頭です。ドラッカーは、移住したアメリカの地で、ドイツでの青春時代をともに過ごした多くの友人たちとその家族が、ユダヤ人であるだけの理由で強制収容所に送られ命を奪われたことを知らされ、深い心の痛手を受けました。その傷は生涯癒えることはありませんでした。

これらのドラッカーの原体験が、どうすれば「自由で機能する社会の実現」が可能となるのかという思索に向かったのではないかと思われます。ドラッカーはヨーロッパで政治学者としても高い評価を受けていた判事の叔父の影響もあり、当初は政治学者としての道を歩み始めます。そして、アメリカに渡って間もなく、ドラッカーはアメリカ政治学会で若手の政治学者のホープとして期待される存在になります。それでも、ドラッカーの問題意識は変わることなく一貫して、「自由で機能する社会の実現」でした。

このテーマを追い続けていくうちに、「自由で機能する社会の実現」の担い手として企業の存在とその経営者のリーダーシップに注目し始めます。そして、企業研究の必要を強く感じたドラッカーは、調査研究の協力を多くの企業に依頼しますがすべて断られました。落胆していたドラッカーを救ったのが、アメリカの自動車メーカー・ゼネラルモーターズ（GM）からの調査研究の依頼の電話でした。そのGMでの1年半にわたる調査研究の成果として『会社という概念』（邦題『企業とは何か』）という著作を発表し、大ベストセラーとなります。

しかし、政治学会の主力メンバーである高齢の政治学者たちは、営利企業に対して時代遅れの偏見を抱き続けていました。訳のわからないうさんくさいものを研究対象にするドラッカーを政治学者としては評価できないとし、既にベストセラーとなっていた著作も完全に黙殺して政治学会から抹殺しました。この後遺症は、今も存在し続け、アカデミズムの世界では、堂々とドラッカーを否定する研究者は少なくありません。

ドラッカーは、企業研究を続けていくうちに、いつしか政治学者から経営学者へと軸足をシフトして言論活動を続けました。そこで持ち続けた問題意識は「自由で機能する社会の実現」であり、そのために企業と企業経営者が何をすべきかでした。つまり、企業を社会に見立て、その中で自由で機能する組織をどうつくるかという問題意識を持ちながら思索と研究を続けました。その過程の中で、自然と自己目標管理のアイデアが熟成していったのだと感じます。

とりわけ、組織の中で個人の自由をどう実現するかというテーマは経営者の権限の正当性の根拠を何に求めるかというテーマと併せて、ドラッカーの脳裏から離れることはなかったと思います。そして、その長期間の思索の成果として、『現代の経営』と『マネジメント』において、経営者の権限の正統性の根拠を社員の自己実現に対する経営者の責任に求め、組織における個人の自由の実現を自己目標管理に求めたのでした。

ドラッカーにとって自由とは、決して野放図な責任意識のない自由ではありません。ドラッカーは自由という概念を責任という概念と表裏一体だと捉えています。責任意識に基づいてこその自由であると考えたのです。もちろん、その背後には、ナチスによる全体主義にドイツ国民がやすやすと傾斜したことへの消えることのない危機意識があります。責任意識を消失してしまうことにより、自由が無責任の代名詞に堕してしまう恐怖をドラッカーは生涯忘れることはありませんでした。

ドラッカーは、自己目標管理で使われるセルフコントロールという言葉についても慎重な説明をしています。**コントロールという言葉は、基本的には機械や設備などのモノに対して使うべき言葉であり、人に対しては自分自身以外においては使うべきではない。ましてや、人が人をコントロールするなどあってはならないと述べています。**

そのようなドラッカーの言説に目を向けると、自己目標管理によって初めて支配のマネジメントから自己管理によるマネジメントが実現できると述べたドラッカーの並々ならぬ思いを感じとることができます。

おわりに

18歳の若き学徒としてドラッカーの書籍に出会い、そこから、学部の組織開発ゼミでドラッカーを学び、大学院でドラッカーを深め、大学講師としてドラッカーを教え、組織開発コンサルタントとしてドラッカーをもちい、今、研修講師としてドラッカーを語る毎日です。思えば、ドラッカー抜きの人生など、もはや考えることもできないほど、ドラッカーどっぷりの、そしてドラッカーに支えられて生きてきた人生でした。

このドラッカーから受けた数えきれない恩をどう返すか、誰に返すか、これが、この数年来のテーマ意識でした。そんな中、前著『徹底的にかみくだいたドラッカーの「マネジメント」「トップマネジメント」』を担当してくださった三宅川修慶さんから本書のオファーをいただき自らのこころの声に耳を傾けると、どこからともなく「正しいドラッカーの目標管理の本を書きなさい」というメッセージが届きました。これが、本書執筆の出発点でした。

しかし、考えてみると、これまで大小合わせた多くの企業と関わってきて、常にあった違和感は、ほとんどの企業が導入していた目標管理が、ドラッカーが説いた目標管理とは全く異質なノルマ管理になっていたことでした。そのうちの何社からは正しいドラッカー流の自己目標管理の導入のお手伝いの機会をいただくことができました。しかし、その数たるや微々たるもので、日本全体での機会損失を思うと、それほどの貢献ができているとも思えず、この違和感を解消する残された手だては、正しい目標管理、つまりドラッカーの説いた自己目標管理について、わかりやすく解説した実践的入門書を世に問う以外に道はないと考え、本書の執筆となりました。本書の骨格はすべてドラッカーの教えですが、ところどころに、そのドラッカーの教えを実践して獲得した知見も盛り込んでいます。

本書の主たる読者は、組織の中で部下を持ち仕事をしているミドルマネジメントの方々を想定しています。しかし、それ以外の組織の中で生きるすべての人々にもいずれかのページは役立つものと確信しています。ぜひとも本書を通じて、ドラッカーの素晴らしさと奥深さを感じて、日々の生活や仕事の中で活用していただけることを願っています。

最後に、本書の完成を忍耐強く待ってくださり、かつ、その過程で貴重な助言をしてくださった編集担当の三宅川修慶さんと本書執筆の材料を提供してくださったこれまで関わったすべての企業関係者に感謝申し上げます。

ドラッカー略年表

1909年（0歳）　オーストリアの首都ウィーンで、ユダヤ系オーストリア人の家庭に生まれる
1917年（7歳）　父親の友人が主催するパーティーでフロイトに出会う
1918年（8歳）　転校した私立小学校で、エルザ先生と出会う
1923年（13歳）　共和制を祝うデモ行進で旗手を務める
1927年（17歳）　ギムナジウムを卒業し、ハンブルクの貿易会社に就職。ハンブルク大学入学
1929年（19歳）　フランクフルトで米国系投資銀行に就職。フランクフルト大学に編入
世界恐慌で会社が倒産
ドイツの有力紙「フランクフルター・ゲネラル・アンツァイガー」の経済担当記者となる
1931年（21歳）　フランクフルト大学卒業。国際法で博士号を取得、ゼミで教授の代講も行う
1933年（23歳）　ナチスが少数与党として政権を掌握
初めての著作『フリードリッヒ・ユリウス・シュタール論－保守政治とその歴史的展開』がナチスの怒りを買い発禁処分。会社を辞め、ドイツを脱出し、ロンドンに移り住む
1937年（27歳）　ドリス・シュミットと結婚し、アメリカに移住
1939年（29歳）　サラ・ローレンス大学非常勤講師として経済学・統計学を担当。ファシズムの起源を分析した処女作『経済人の終わり』を出版。「タイムズ」紙の書評でウィンストン・チャーチルが激賞
1942年（32歳）　ベニントン大学で哲学および政治学の教授に就任。『産業人の未来』を出版
1943年（33歳）　GMから依頼され、GMの経営方針や組織構造について1年6カ月の調査研究を行う
1946年（36歳）　GMの調査研究の成果を『企業とは何か』として出版

1949年（39歳）
ニューヨーク大学大学院教授就任。初めてマネジメントの講義を担当する

1954年（44歳）
『現代の経営』を出版。「自己目標管理」を世界で初めて提唱する

1969年（60歳）
時代の転換を予告した『断絶の時代』が世界的大ベストセラーとなる

1971年（62歳）
クレアモント大学大学院教授就任

1973年（64歳）
集大成としての『マネジメント』を出版

1979年（70歳）
『傍観者の時代』を出版。クレアモント大学ポモナ校で東洋美術を担当

1985年（76歳）
世界で初めてイノベーションを体系化した『イノベーションと企業家精神』を出版

1989年（80歳）
冷戦の終結を予告した『新しい現実』、NPOのバイブル『非営利組織の経営』を出版

2002年（93歳）
『ネクスト・ソサエティ』を出版。米国大統領より民間最高勲章「自由のメダル」授与

2005年（95歳）
11月11日、96歳の誕生日を目前にクレアモントの自宅にて永眠

二瓶正之（にへい まさゆき）

人間力（じんかんりょく）総研株式会社　代表取締役
組織開発コンサルタント
ドラッカー研究家
創造性開発トレーナー（米国CCL認定）
エッセンシャル・ライフ・コンサルタント（OAU認定）
ハート瞑想ティーチャー（OAU認定）
オーラソーマ・プラクティショナー（英国OSA認定）
新潟県出身。明治大学大学院修了（組織心理学）。旧労働省所管のシンクタンク研究員ならびに短大講師（経営学）を経て、日本能率協会経営教育総合研究所にて多くの企業の組織開発コンサルティングに従事。その後Center For Creative Leadership（CCL）にて創造性開発トレーナーの資格を取得した後、研修プログラム開発担当として数多くのコースを開発。この後、株式会社日経リサーチに転じ、マーケティング・ディレクターとして100を超える企業と関わる。この間、専門誌『マーケティング・リサーチャー』の編集委員も務める。その後、大手アミューズメント系企業に転身し、採用・教育・営業の責任者として1兆円企業実現に貢献。2010年、人間力（じんかんりょく）総研株式会社設立。民間企業、公的サービス機関、大学、各種団体などで、ドラッカー理論をベースに人と組織の成長を目的とする研修・講演を行っている。著書に『徹底的にかみくだいたドラッカーの「マネジメント」「トップマネジメント」』（主婦の友社）、『賢者180名命の言葉』（徳間書店）、『成功就活50のルール』（ゴマブックス）他がある。
お問い合わせ先：m.nihei@jinkanryoku.co.jp

装丁・本文フォーマット／吉村朋子
編集担当／三宅川修慶（春陽堂書店）

徹《てっ》底《てい》的《てき》にかみくだいた
「自《じ》己《こ》目《もく》標《ひょう》管《かん》理《り》」
ドラッカーが本《ほん》来《らい》伝《つた》えたかった目《もく》標《ひょう》管《かん》理《り》

2023年3月20日　初版第1刷発行
2023年3月24日　第2刷発行

著　者／二瓶正之《にへいまさゆき》

発行者／伊藤良則

発行所／株式会社春陽堂書店
〒104-0061　東京都中央区銀座3丁目10-9　KEC銀座ビル
電話 03-6264-0855（代表）

印刷所／ラン印刷社

ISBN 978-4-394-38003-0